AF331155

EN VENTE :

VIRGINIE, tragédie en cinq actes.
LES COULEURS DE MARGUERITE, comédie-vaudeville en 2 actes, par MM. Bayard et Biéville.
NOÉMIE, comédie-vaudeville en deux actes, par MM. Dennery et Clément.
JEAN DE BOURGOGNE, drame en 3 actes, en vers, par MM. G. d'Onquaire et Pitre-Chevalier.

LA FRANCE

DRAMATIQUE

AU DIX-NEUVIÈME SIÈCLE,

Choix de Pièces Modernes.

Vaudeville.

CARLO BÉATI,

VAUDEVILLE EN TROIS ACTES.

1024—1025

PARIS.

C. TRESSE, ÉDITEUR,

ACQUÉREUR DES FONDS DE J.-N. BARBA ET V. BEZOU,

SEUL PROPRIÉTAIRE DE LA FRANCE DRAMATIQUE,

PALAIS-ROYAL, GALERIE DE CHARTRES, N° 2 ET 3,

Derrière le Théâtre-Français.

1846.

LA FRANCE
DRAMATIQUE
AU DIX-NEUVIÈME SIÈCLE,
Choix de pièces modernes

CARLO BROSCHI

VAUDEVILLE EN TROIS ACTES

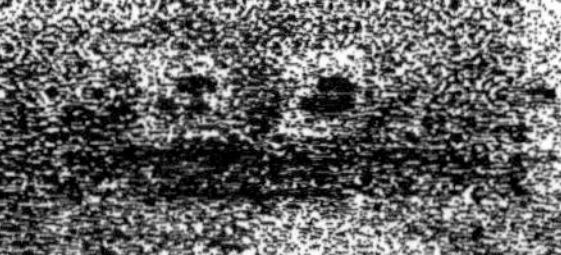

1846—1842

PARIS

C. TRESSE, ÉDITEUR,

ACQUÉREUR DES FONDS DE J.-N. BARBA ET A. DUBON

PALAIS-ROYAL, GALERIE DE CHARTRES, Nos 2 ET 3.

1846.

CARLO BÉATI

COMÉDIE-VAUDEVILLE EN TROIS ACTES,

PAR M. MÉLESVILLE.

Représentée pour la première fois, à Paris, sur le théâtre du Vaudeville,
le 7 février 1846.

DISTRIBUTION DE LA PIÈCE.

Personnages.	Acteurs.
LE BARON DE CAVALTO, riche Napolitain	MM. LECLÈRE.
CARLO BÉATI	ARNAL.
LÉONARD, officier français	MONTALAND.
MICHAEL, majordome du baron	LUDOVIC.
JULIETTE, fille du baron de Cavalto	Mmes DOCHE.
SÉVÉRINA, sœur du baron	GUILLEMIN
THÉRÉSA, jardinière	VICTORINE.

OFFICIERS FRANÇAIS, DAMES ET CAVALIERS NAPOLITAINS,
DOMESTIQUES DU BARON.

La scène se passe en 1799. — Aux premier et deuxième actes, au château de Cavalto; le troisième, à Naples, dans l'hôtel du baron.

ACTE PREMIER.

Le théâtre représente une terrasse à l'italienne. — Escalier à droite du spectateur et au fond. — A gauche, l'entrée du château du baron, ornée de vases. — Au fond, une balustrade, au dessus de laquelle on aperçoit la mer et le Vésuve dans le lointain.

SCÈNE I.

MICHAEL, LES DOMESTIQUES, puis LE BARON.

(Michaël fait manœuvrer les gens du baron, laquais, cocher, cuisinier, avec gibernes, fusils et chapeaux militaires par dessus leurs livrées; un marmiton, en tambour, se tient de côté.)

MICHAEL, commandant.

Monsieur le baron!... Portez armes! présentez armes!   (Ils portent les armes gauchement.)

LE BARON, en robe de chambre, paraissant à gauche.

Bravo! nobles guerriers! pour des gens qui n'en font pas leur état, vous êtes magnifiques sous les armes. (A mi-voix, à Michaël.) Eh bien! Michaël, mon digne majordome, es-tu content?

MICHAEL, secouant la tête.

Hum! monsieur le baron... l'exercice, ça marche encore! mais s'il fallait aller au feu... sauf le cuisinier...

DE BARON, bas.

Il en a l'habitude... Je vais leur faire une petite allocution qui les rassurera complétement... (Il lève les bras. — Roulement de tambour par le marmiton.) Un peu de silence, tambour! (Enflant sa voix.) Invincibles héros!... laquais, cocher et cuisinier de ma baronnie de Calvato... je vois à votre contenance... martiale... que vous brûlez d'en venir aux mains... mais vous n'aurez point cette satisfaction.

TOUS, avec joie.

Comment?...

LE MARMITON.

Nous ne nous battrons pas?

"

LE BARON, prenant une prise de tabac.

Ça regarde les Autrichiens, nos alliés!... qui se chargent de sauver Naples... Vous n'aurez qu'à maintenir l'ordre, leur verser votre meilleur vin et les regarder faire.

TOUS.

Vivat!

LE BARON, noblement.

Je partagerai tous vos dangers! Rentrez à la caserne... Je veux dire à l'office! Allez vous dépouiller de cet aspect terrible... et rafraîchir votre valeur.

ENSEMBLE :

AIR : Pas redoublé de la Péri, accompagné par le tambour.

MICHAEL et LES GENS, défilant.

Etat plein de charmes,
Le métier des armes,
Pour nous, vraiment, n'a plus que des appas.
Joyeux militaire,
J'adore la guerre,
Lorsque surtout on ne se bat pas!...

LE BARON.

Etat plein de charmes,
Au métier des armes,
Moi-même, amis, je guiderai vos pas :
Fougueux militaire,
J'adore la guerre,
Quand je suis sûr qu'on ne se bat pas.

(Ils disparaissent par la gauche, au bruit du tambour.
—Séverina et Juliette, en négligé du matin, paraissent de côté.)

<hr>

SCÈNE II.

LE BARON, SÉVÉRINA, JULIETTE.

SÉVÉRINA.

Quel bruit!

JULIETTE.

Quel vacarme!

SÉVÉRINA.

En vérité, mon frère, cela n'a pas de nom!

JULIETTE.

Transformer vos gens en fantassins!...

SÉVÉRINA.

Votre parc en place d'armes!...

JULIETTE.

Et notre salon de musique en école de tambour!...

LE BARON, gravement.

Paix, ma fille! silence, ma sœur!... Les femmes n'entendent rien à la politique. Grâce à l'insurrection des lazzaroni qui sont maîtres de Naples, nous n'avons plus personne pour nous gouverner! le roi et la reine se sont réfugiés en Sicile, et nous protégent... de loin!... ce qui n'est pas gai!... La flotte de Nelson nous bloque... dans notre intérêt; ce qui est fort triste... Et les Autrichiens veulent s'emparer de nous pour empêcher le général Championnet de nous prendre...

* Juliette, le baron, Séverina.

Bref, nous sommes sur un volcan... sans compter le Vésuve, qui fait aussi des siennes.

JULIETTE, avec joie.

Quoi! les Français!...

SÉVÉRINA, de même.

Se rapprochent de nous?

LE BARON.

C'est pour cela que j'ai levé ma maison en masse. (Avec enthousiasme.) Il faut seconder cette excellente Autriche, qui ne veut que chasser nos oppresseurs et respecter les propriétés... comme elle le dit dans ses proclamations.

SÉVÉRINA, souriant.

Vous croyez aux proclamations, mon frère?

JULIETTE, de même.

Et vous pensez que ces bons Autrichiens ne nous feront pas payer les frais du voyage?

LE BARON.

Oh! dame! dans le trouble de la guerre, je sais bien qu'on met quelquefois le mouchoir de ses amis dans sa poche... Mais pourvu qu'ils nous délivrent des Français...

JULIETTE, timidement.

Vous les détestez donc bien?

LE BARON.

Je les exècre... non, par crainte!... Dieu merci, on connaît le courage des Malatesta-Cavalto, alliés, par les femmes, aux Gonfalieri-Bradamante!

SÉVÉRINA, à part, souriant.

Il a peur de son ombre!

LE BARON.

Une fermeté d'opinions!...

SÉVÉRINA, à part.

Il en change tous les jours...

LE BARON.

Mais la nation française et moi, nous ne pouvons pas nous regarder en face!... Des révolutionnaires!... des boutefeux!...

AIR : De sommeiller encore, ma chère.

Un peuple sans nom, sans naissance;
Sorti vraiment on ne sait d'où :
Qui, le fusil sur l'épaule... s'élance,
Et se promène comme un fou!
Un vagabond, Dieu me pardonne,
Qui, sans façon, tous les matins,
Sans être invité par personne,
Va dîner chez tous ses voisins!

C'est d'une indiscrétion!

JULIETTE, timidement.

Tout le monde ne les voit pas d'un œil aussi sévère!

SÉVÉRINA.

Je me rappelle qu'à une fête, il y a trente ans, leur ambassadeur fut pour moi d'une galanterie!...

LE BARON.

Voilà bien les femmes!... Pas plus de patriotisme!... Vous êtes folle, doña Séverina, avec vos idées romanesques et vos cinquante-cinq ans!...

Vous ne rêvez qu'adorateurs qui se meurent pour vous ! et vous n'avez jamais pu trouver un mari !...

SÉVÉRINA, piquée.

Vraiment ! Pour me venger de vos éternels quolibets, je serais presque tentée...

LE BARON.

De vous marier ?... Quel serait le malheureux ?...

SÉVÉRINA, souriant.

Vous seriez bien attrapé !...

LE BARON.

Pas tant que toi !...

SÉVÉRINA, d'un air prude.

Mon Dieu !... si j'en croyais monsignor Béati...

LE BARON, surpris.

Carlo Béati ! Il veut vous épouser ?

SÉVÉRINA.

Ah ! fi donc !... mon frère... Un sage, une espèce de saint... qui passe sa vie dans les livres de morale, de théologie !...

JULIETTE.

Le neveu d'un cardinal !... un jeune homme qui devait entrer dans les ordres... ou qui deviendra précepteur de quelque prince ! Ces gens-là ne se marient pas.

SÉVÉRINA.

Non... mais comme aussi ami de la famille, il s'étonne souvent que je n'aie pas fait un choix, et jure que plus d'un cavalier s'estimerait encore heureux...

LE BARON, ironiquement.

C'est donc cela... qu'il me conseille sans cesse de songer... à établir Juliette.

JULIETTE.

Moi ? Eh ! mais... je trouve qu'il a d'excellentes idées !

SÉVÉRINA, gaîment.

Le traître ! (A sa nièce.) Il te fera passer avant moi !...

LE BARON, riant.

J'en ai peur !

SÉVÉRINA.

Mais je ne lui en veux pas... ce cher Béati !... Car, au fond, malgré ses principes sévères, c'est un homme charmant... gai, aimable, empressé...

JULIETTE.

D'une galanterie avec les dames...

LE BARON, gravement.

Et un jugement sain !... Il est toujours de mon avis.

JULIETTE.

Il fait de la musique avec moi...

SÉVÉRINA.

De la tapisserie avec moi...

LE BARON.

Et m'apprend la tactique, en me battant aux échecs !... Mais qu'est-ce qu'il devient donc ? Il m'avait promis d'être revenu de Naples pour l'heure du déjeûner... Et quand il n'est pas là, je suis comme un corps sans âme. (Voyant entrer son majordome.) Qu'est-ce, Michaël ?

<hr>

SCÈNE III.

LES MÊMES, MICHAEL.

MICHAEL, lui remettant des lettres.

Le courrier de Rome... Excellence...

LE BARON, prenant les lettres. *

Des nouvelles de l'armée. (Voyant une adresse.) Eh ! parbleu !... de mon ami... le comte de Blumstein.

JULIETTE.

Le comte de Blumstein ?

LE BARON, décachetant la lettre.

Un major autrichien que j'ai connu à Venise. Excellent officier !... une figure superbe !... d'un côté... parce que de l'autre, il a une balafre... Il est couvert de gloire... (Montrant sa figure.) depuis là jusque-là... (Parcourant la lettre.) Qu'est-ce que je disais ?... les Français sont perdus !

JULIETTE, émue.

Comment ?...

LE BARON, de même.

Cernés ! pas un n'échappera... Le général Mack en répond...

SÉVÉRINA, secouant la tête.

Hum !... le général Mack n'est pas heureux dans ses prédictions.

LE BARON.

Oui... je sais bien... il fait semblant de se laisser battre de temps en temps, pour leur donner confiance... C'est là le génie !... Mais, cette fois, Championnet s'est jeté dans le piége... Je vous demande aussi... Championnet !.. un nom obscur... un homme de rien !... (Avec transport.) Ah ! ah ! nous vous en rendrons bon compte, mes braves Autrichiens... Nobles amis !... ils se battent peut-être dans ce moment... Cela m'électrise !... il me prend des ardeurs martiales !... (Avec force.) Michaël !...

MICHAEL.

Excellence !...

LE BARON.

Fais servir le déjeûner ! (Michaël sort.—Le baron achevant sa lettre, à mi-voix.) « Rien ne peut nous arrêter... le dix-sept... » (A lui-même.) C'est aujourd'hui. (Lisant.) « Sous les murs de Naples... Il me tarde, cher baron, de voir votre charmant fille !... » (A part.) Chut !...

JULIETTE, suivant ses mouvemens.

Qu'est-ce donc ?

<hr>

* Juliette, Sévérina, le baron.

LE BARON, galment.

Rien, mon enfant... Je suis ravi, transporté...
Je veux leur offrir une fête... aujourd'hui même...
Je cours donner des ordres, inviter tous les environs... (Prenant la main de sa fille.) Eh! qui sait
si, dans tout cela, nous ne rencontrerons pas le
mari que nous attendons...

JULIETTE.

Le mari !

LE BARON, l'embrassant.

Et un pour ma sœur. (Riant.) Pendant que j'y
suis, il ne m'en coûtera pas plus...

ENSEMBLE.

AIR : Ce concert magique. (Carlo et Carlin.)

LE BARON.

Le dieu de la guerre
Nous en promet deux ;
Et l'hymen, j'espère,
Va combler nos vœux.

JULIETTE et SÉVÉRINA.

Pourquoi donc mon { père,
{ frère,
Ce transport joyeux?
Quel est ce mystère
Qui comble vos vœux ?

(Le baron sort en riant.)

SCÈNE IV.

SÉVÉRINA, JULIETTE. *

SÉVÉRINA.

Encore un coup de patte !... Pauvre frère! ça
le rend si heureux ! (Regardant Juliette.) Eh ! mais
qu'as-tu donc, Juliette? Ce trouble... Est-ce que
tu aurais peur du général Mack?

JULIETTE.

Oh! non, ma tante!... car j'ai aussi des nouvelles de l'armée, moi...

SÉVÉRINA, souriant.

Ah!... on t'envoie les bulletins ?

JULIETTE, avec un peu d'embarras.

C'est-à-dire... Depuis quelques jours... les communications sont interceptées !... Mais ce qui me
désole, ce sont les préventions de mon père contre les Français?... N'est-ce pas, ma tante, que
c'est injuste ?

SÉVÉRINA.

Très injuste.

JULIETTE.

Qu'ils ont des qualités ?

SÉVÉRINA.

Certainement ! Ce sont des monstres... fort aimables !... Et, politiquement parlant, tu aimerais

* Sévérina, Juliette.

mieux un traité d'alliance avec la France qu'avec
l'Autriche.

JULIETTE, confuse.

Ah ! ma tante...

SÉVÉRINA.

Ah ! ma tante !... Allons ! un peu de confiance !
Est-ce que je ne remplace pas ta bonne mère ?...
C'est bien le moins !... Je n'ai pas de fortune à te
laisser, moi... et je te donne ta dot en affection,
en dévoûment ! Ce n'est pas la plus mauvaise !
crois-moi ! Ton père a beau rire de mon âge...
dont je lui fais bon marché... parce que cela
le fait bien porter !... il a beau s'égayer aux dépens des vieilles filles, des vieilles tantes... elles
sont encore bonnes à quelque chose dans une famille... Elles bercent les petits enfans, gâtent les
grands, les consolent ou s'affligent avec eux... Tu
vois bien que si tu as du chagrin cela me revient
de droit, et que tu m'en dois la moitié !...

JULIETTE, l'embrassant.

Ah ! ma tante !... Oui, je veux tout vous dire !...

SÉVÉRINA.

Je t'écoute.

JULIETTE.

Vous vous rappelez, l'année passée, quand on
ordonna à ma pauvre mère un air plus doux, et
que je l'accompagnai dans les environs de Florence ?...

SÉVÉRINA.

Oui, j'étais restée à Naples près de ton père.

JULIETTE.

Nous habitions, avec quelques bonnes religieuses, un couvent bien modeste, dont l'isolement et
l'obscurité semblaient nous garantir des dangers
de la guerre !... Mais, une nuit, nous fûmes réveillées par des cris, des coups de feu !... La ville
avait été surprise... Une troupe de soldats venait
d'envahir notre asile... et, seules, éperdues, nous
implorions vainement leur pitié... quand un des
leurs... un jeune officier s'élance et les arrête.

AIR d'Aristippe.

Oh ! que sa voix me sembla noble et fière !
 Elle vint rassurer mon cœur !...
Le premier jour je l'aimai comme un frère ;
 Puis je l'aimai comme un sauveur...
Je lui devais et la vie et l'honneur.
Ma mère, hélas ! à son heure suprême,
Nous bénissait, faisait des vœux pour nous...
Et me disait : « Chéris-le comme il t'aime,
» Ta mère et Dieu l'ont nommé ton époux !»

SÉVÉRINA, lui serrant la main.

Pauvre petite !... Certainement... tu dois l'aimer... et moi aussi, je l'aime déjà, sans le connaître !... Bon jeune homme !... Je le vois d'ici...
brave, aimable, généreux... Tu ne m'as pas dit
son nom ?...

BÉATI, en dehors.

Ces dames sont au jardin ?...

JULIETTE, vivement.

Béati... qui arrive de Naples... Évitons-le...
Venez, ma tante, j'achèverai de vous instruire.
(Elles sortent par la gauche. — Béati paraît aussitôt
montant l'escalier à droite. Il est suivi de Thérésa
et de trois ou quatre jeunes filles qui portent plusieurs cartons et livres de musique, qu'elles dépo-
sent sur une table de pierre, à droite.)

SCÈNE V.

BÉATI, THÉRÉSA, JEUNES FILLES.

(Les jeunes filles entourent Béati.)

CHOEUR.

AIR des Diamans.

THÉRÉSA et LES JEUNES FILLES.

Monsignor, quelles nouvelles !
Monsignor, répondez-moi...
Nos amans sont-ils fidèles?
Nous ont-ils gardé leur foi?

BÉATI, d'un air sévère,

Qu'est-ce donc, mesdemoiselles ?
Vous oubliez, je le voi,
Mes leçons continuelles...
De réserve... Écoutez-moi !

(Il se radoucit et leur donne de petites tapes sur les
joues, en les lorgnant à la dérobée.)

BÉATI.

AIR : L'ermite de Saint-Avelle.

Pour conserver votre sagesse,
Prenez-moi comme directeur !
Sur vous je veillerai sans cesse,
Je ne suis pas pour la rigueur.
Jamais d'austères pénitences ;
Et pour nos amis nous avons
Les poches pleines d'indulgences,
Et les mains pleines de bonbons.

(Il leur distribue des bonbons.)

THÉRÉSA, en prenant, et parlant.

Oh ! nous vous dirons tout... monsignor...

BÉATI, prêt à l'embrasser, de même.

Et moi, je vous promets...

THÉRÉSA, reculant.

Hein ?

BÉATI, se remettant brusquement.

De ne pas vous oublier dans mes prières. Allez,
mes enfans !...

REPRISE DU CHOEUR.

BÉATI.

Vous voyez quel est mon zèle...
Oui, je voudrais être ici
Votre directeur fidèle,
Votre guide et votre ami.

LES JEUNES FILLES.

Grand merci de votre zèle !
Je veux vous choisir aussi
Pour mon directeur fidèle,
Si ça plaît à mon mari.

(Elles sortent en riant.)

SCÈNE VI.

BÉATI, seul.

Ces vassales sont charmantes! Hum ! maudits
petits minois !... Il faut que j'en rencontre toujours !... Prenons garde !... cela suffirait pour rui-
ner mes projets. De quoi, diable ! aussi, mon
oncle le cardinal s'avisait-il de vouloir me mettre
un petit collet sur le dos !... l'habit le plus anti-
pathique à mon caractère !... Voilà comme on
manque son état!... Le cher homme se met
dans des fureurs!... Ce matin encore !... (L'imitant.) — Ah! vous voilà, monsieur le mauvais
sujet !... — Oui, cher oncle. — Drôle, paresseux,
libertin ! — Vous vous portez bien, cher oncle?
— C'est donc à dire, monsieur le pendard, que
vous ne réussirez à rien! J'ai voulu faire de vous
un avocat... Monsieur rentrait se coucher à l'heure
de l'audience !... — C'est l'audience qui se levai
à l'heure où je me couchais, mon cher oncle...
— Secrétaire de la Rotte, vous pouviez faire votre
chemin dans la diplomatie... avec une figure
douce... et un regard en dessous...Monsieur a l'im-
piété de souffler une cantatrice à son ambassadeur...
—Dans son intérêt, cher oncle...Elle le trompait...
— Par grâce spéciale... je vous fais entrer au col-
lége de ces bons Pères... Et, au moment de prendre
les ordres, monsieur me déclare effrontément qu'il
aime le monde, les plaisirs !... — C'est ma vocation, cher oncle... — Allez vous promener...Vous
n'aurez rien de moi... que ma bénédiction...(A
lui-même.) Cela ne lui coûte rien... (Continuant.) et
votre congé !.. Il ne me l'a pas fait attendre... Il
m'a mis à la porte... séance tenante!... (Prenant
son parti.)Eh bien ! tant mieux ! par saint Janvier,
je ne devrai ma fortune qu'à moi seul ! Je pouvais
me lancer dans les mouvemens populaires de Naples... et, en embrouillant les affaires publiques,
arranger les miennes, tout comme un autre!...
Mais j'aime mieux autre chose... Sous cet habit
de précepteur en disponibilité... je me suis impa-
tronisé dans la famille du riche baron de Cavalto,
dont la divine Juliette est l'unique héritière...
une figure de madone et une dot de princesse !...
J'ai gagné tout doucement la confiance générale...
Je mène le père par le bout du nez; je flatte la
vieille tante... Je m'empare de l'esprit de la petite par des soins attentifs et.. (Se frappant le front.)
Oh !... à propos d'attentions... et les bouquets de
ces dames... (Tout en parlant, il fait deux gros bouquets, en cueillant des fleurs à droite et à gauche.) Si
bien que je suis devenu le conseil obligé de toute
la maison. Comme un chat à l'affût, je guette ce
qui peut me nuire, et je l'écarte d'un coup de
patte !...Qu'un futur se présente... je le coule...
Qu'un autre lui succède, je le noie... bénignement,
innocemment, sans avoir l'air d'y toucher... Je

resterai seul, et quand je m'offrirai, il faudra bien
que l'on me choisisse... Ce sera un peu long...
mais Dieu m'a fait la grâce d'être patient et
têtu... (Se retournant.) Chut ! ces dames...

SCÈNE VII.

BÉATI, SÉVÉRINA, JULIETTE. *

SÉVÉRINA.

Eh ! le voilà enfin, ce bon Béati !

JULIETTE, riant.

Je vous croyais déjà prisonnier des lazzaroni.

BÉATI, d'un ton mielleux,

Je tiens trop à vous faire ma cour, belle signora. (Lui baisant la main.) Plus fraîche chaque
matin. (Baisant la main de Sévérina de l'autre côté.)
Vous rajeunissez tous les jours... (A part.) Elle
vieillit à vue d'œil. (Haut en présentant ses bouquets.) Permettez-moi, mesdames, de vous offrir
quelques fleurs que j'ai fait venir de Palerme...
exprès pour vous !

SÉVÉRINA, prenant le sien.

De Palerme !... (Respirant son bouquet.) Ah !
ce ne sont point nos roses qui auraient ce parfum.

BÉATI, d'un air modeste.

Hum ! il n'y a pas une bien grande différence.

SÉVÉRINA.

Oh ! que si fait ! je ne m'y tromperais pas !...
Vous avez déjeûné ?

BÉATI.

Chez mon oncle le cardinal...

JULIETTE.

Vous aurez oublié nos commissions ?...

BÉATI, souriant.

J'oublierais plutôt le soin de mon salut. (A Sévérina, lui montrant plusieurs cartons.) Voici des
soies pour votre tapisserie... (A Juliette.) Et de la
musique nouvelle que j'ai choisie moi-même.

SÉVÉRINA.

Il est adorable.

JULIETTE.

Je l'aime à la folie, ce cher Béati !...

BÉATI, enchanté et lui prenant la main,

Vraiment ?...

JULIETTE, souriant d'un air de confiance.

Pour le conseil que vous avez donné à mon
père... de me marier le plus tôt possible...

BÉATI, naïvement,

Ah ! mon Dieu ! Vous n'avez peut-être pas de
vocation ?

JULIETTE, vivement.

Au contraire !

SÉVÉRINA, de même.

Vous avez très bien fait,... car il y a quelqu'un...

BÉATI, à part,

Un rival... Diavolo !... (Haut.) Comme cela se

* Juliette, Béati, Sévérina.

rencontre... (D'un air patelin.) Et quel est l'heureux mortel ?...

JULIETTE, bas et remontant

Silence !... Voici mon père !

SÉVÉRINA, de même.

Pas un mot !

BÉATI.

C'est convenu... (A part.) Un amant mystérieux !... Qui diable ça peut-il être ? Un officier
de la flotte de Nelson, ou un Espagnol de l'am-
bassade ?... A tout prix je le découvrirai et...
(Se retournant vivement et allant au devant du baron.)
Eh ! ce digne baron... J'étais inquiet de sa chère
santé.

SCÈNE VIII.

LES MÊMES, LE BARON, habillé. *

LE BARON, gravement.

Pouh ! la santé va médiocrement... (Se servant
de son cure-dent.) La patrie m'absorbe !... Eh
bien ! mon cher, qu'est-ce ?... que dit-on ?... de
quoi parliez-vous ?

BÉATI.

Nous causions musique... (A Juliette qui par-
court les cahiers qu'il a apportés.) Ah ! signora, je
vous recommande la marche militaire de l'amiral
Nelson !

JULIETTE, avec dédain.

De la musique anglaise !... Dieu nous en pré-
serve !

LE BARON, de même.

Pouh ! cela ressemble au roulis de leurs vais-
seaux !

BÉATI, à part.

Ce n'est pas un Anglais ! (Haut.) De nouveaux
boleros espagnols.

JULIETTE, haussant les épaules.

Avec accompagnement de castagnettes... Fi !...

BÉATI, à part.

Ce n'est pas un Espagnol !...

JULIETTE, regardant d'autres cahiers.

Ah ! des romances françaises !... A la bonne
heure ! au moins...

BÉATI, à part.

Hein ?

JULIETTE, se passionnant et chantant.

« Du soleil qui te suit brillante avant-courrière !... »

BÉATI, d'un air agréable, approchant de la table.

Ça doit être l'Aurore ou quelque chose comme
ça ?

SÉVÉRINA.

Que de sentiment !... Ah !... la romance française...

LE BARON, se moquant.

Ah ! la romance française !... Est-ce que ces
gens-là savent chanter !...

* Béati, le baron, Sévérina et Juliette, assises à la table
à droite.

BÉATI, bas et souriant.

Ils se le figurent !

LE BARON, haussant les épaules.

Pst !

JULIETTE, avec malice.

Hem ! ils ont une musique à eux... qui fait très bien danser les autres !...

LE BARON, sévèrement, et allant à elle.

Mademoiselle !

BÉATI, à part.

C'est un Français !... un officier de Championnet !... Mais comment deviner un rival... au milieu de trente mille hommes ?... Oh ! avec un petit mensonge... bien innocent ! C'est facile quand on a lu de bons livres.

LE BARON, frappant du pied.

Corbleu ! laissons là toutes ces billevesées... Voyons, où en sommes-nous, Béati ?... Quelles nouvelles ?...

BÉATI, suivant de l'œil tous les mouvemens de Juliette.

D'excellentes... L'effervescence est à son comble !... Grâce au miracle de saint Janvier, que l'on avait commandé tout exprès, les lazzaroni sont décidés à livrer Naples aux Autrichiens, dès qu'ils paraîtront.

LE BARON.

Mais quand paraîtront-ils ?

BÉATI, d'un air mystérieux.

Ils arrivent !

LE BARON.

Ils arrivent toujours, et on ne les voit jamais ! Moi qui leur ai préparé une fête magnifique !

BÉATI, se délectant.

Elle ne sera pas perdue... Ils accourent à marches forcées... Che gusto !

LE BARON, avec joie.

Cette bataille a donc eu lieu ?

BÉATI, d'un air patelin.

Le ciel dans sa bénignité a permis que les Français fussent taillés en pièces... Che piacere !

JULIETTE, émue.

Que dites-vous ?...

SÉVÉRINA, bas.

Prends garde !...

JULIETTE, avec impatience.

Et vous ne savez aucun détail ?...

BÉATI.

Des détails ! (A part.) Si je pouvais la forcer à me le nommer elle-même ! (Haut.) J'ai là précisément le bulletin exact... et la liste de tous leurs morts... (A part.) Ils ne s'en porteront pas plus mal... (Tirant un journal de sa poche.) Une vieille gazette qui donnait le tableau de leur état-major...

LE BARON, s'asseyant.

Et il ne nous en disait rien !... Lisez nous cela...

Corbleu ! quelle journée !... Cela m'enflamme ! (Appelant.) Michaël !... sers-nous le sorbet !

(Un valet apporte des sorbets, des fruits glacés sur des plateaux, et se retire. — Béati est debout, le journal à la main.)

BÉATI, à part.

Allons !... il faut que j'improvise une bataille, moi qui n'en ai jamais vu... Bah ! je ne serai pas le premier...

LE BARON.

Taisez-vous donc, ma sœur !

SÉVÉRINA.

Je ne dis rien !

BÉATI, hésitant en lisant.

« C'était auprès de Rome... dans les environs de... »

LE BARON.

Civita Castellana ?...

BÉATI.

Justement !

LE BARON.

Je vois ça d'ici...

BÉATI, le journal à la main.

Je passe les détails de la position des deux armées !...

LE BARON, prenant son sorbet.

Ah ! c'est très beau, deux armées ! Enfin, passons...

BÉATI.

« L'aile gauche... pivotait sur la droite, et, manœuvrait... » Je passe aussi les manœuvres... de l'aile gauche.

LE BARON.

Ah ! l'aile gauche... Enfin, passons...

BÉATI.

« Dès le point du jour, le canon grondait sur toute la ligne.... » (A part.) Je crois que c'est le mot technique.

JULIETTE, frémissant.

Ah ! dieux !...

SÉVÉRINA, de même.

Pauvres mères !

LE BARON, imitant le canon.

Pum ! pum !... brrrm !... Même de loin, on ne peut se défendre d'une certaine émotion...

BÉATI, regardant Juliette.

Oui... ça remue !... (Feignant de lire.) « Après huit heures d'une lutte acharnée, une charge brillante des grenadiers hongrois... »

LE BARON, étonné.

Qu'est-ce que vous dites ? Des grenadiers ? Il n'y a que la cavalerie qui charge ordinairement ?

BÉATI, à part.

Hoïmé ! (Haut.) Ah ! pardon. (Appuyant, et feignant de relire.) « De grenadiers à cheval... » J'avais sauté par dessus le cheval...

LE BARON.

Ah ! une charge des grenadiers à cheval...

BÉATI, achevant.

« A décidé la victoire !... »

LE BARON, tout gonflé.

Allons donc !...

JULIETTE.

Quelle injustice !

SÉVÉRINA, à mi-voix.

C'est la première fois !...

BÉATI.

Il y a commencement à tout...

LE BARON, prenant un second sorbet.

J'en sue à grosses gouttes !

BÉATI, lisant.

« Dix mille prisonniers... onze drapeaux, soi-
xante pièces de canon, sont en notre pouvoir... »

LE BARON, d'un air modeste.

C'est gentil ! c'est gentil !...

BÉATI, à part.

Diable ! s'il n'est pas content ! Il me semble
que j'ai mis la bonne mesure !... (Haut.) « Notre
perte est fort légère... »

LE BARON, secouant la tête d'un air de doute.

Oh ! style de bulletin.

BÉATI, tournant la page.

Quant aux Français... des pertes immenses !...
Voici les noms des officiers supérieurs laissés sur
le champ de bataille.

LE BARON.

Ah ! voyons !...

JULIETTE, bas, à sa tante.

Le cœur me bat !

SÉVÉRINA, bas.

De la prudence !...

BÉATI, feignant de lire.

« Les généraux Dufresne et Soligny. »

LE BARON.

Bien !...

BÉATI, à part, regardant Juliette.

Rien. (Haut.) « Le chef de brigade Duclos... »

LE BARON.

Très bien !

BÉATI, à part.

Elle ne sourcille pas. (Haut.) « L'adjudant Fran-
cheval, le colonel Olivier !... »

LE BARON.

Bravo !...

BÉATI, à part.

Rien. (Haut, vivement.) « Les capitaines Ferret,
Saint-Ange, Thuillier et d'Allincourt... »

(Il s'arrête.)

SÉVÉRINA et LE BARON.

C'est tout ?

BÉATI, déconcerté.

Mais, oui...

JULIETTE, avec joie, se levant et à part.

O mon Dieu ! je te rends grâce !

BÉATI, qui a repassé son journal.

Ah ! j'oubliais... « Le major Duperrier et le chef
d'escadron Léonard... »

JULIETTE, avec un cri.

Léonard !... mort !...

SÉVÉRINA, courant à elle.

Juliette !

LE BARON.

Ma fille !...

BÉATI, à part.

C'est lui !...

LE BARON.

Qu'y a-t-il donc ?

SÉVÉRINA, soutenant sa nièce.

Un éblouissement, une faiblesse !... Tous ces
détails...

JULIETTE, voulant prendre le journal.

Que je lise moi-même...

BÉATI, le déchirant.

Non pas... Votre tante a raison... Cela vous fe-
rait mal...

JULIETTE, bas, à sa tante.

Ah ! je me sens mourir...

SÉVÉRINA, appelant.

Thérésa !...

ENSEMBLE.

AIR : O terreur qui m'accable. (Domino noir.)

JULIETTE, à part.

O tourment qui m'accable !
O destin implacable !
D'un amour misérable
Viens exaucer les vœux.
Dans ma douleur cruelle,
Ma souffrance éternelle !
C'est la mort que j'appelle,
C'est la mort que je veux !

LE BARON.

Quel mystère incroyable.
Tout est inexplicable :
Cet effroi qui l'accable,
Et ces pleurs dans ses yeux.
Comment cette nouvelle
A son cœur cause-t-elle
Une douleur mortelle
Et ces regrets affreux ?

SÉVÉRINA, à part.

O tourment qui m'accable !
O destin implacable !
D'un amour misérable
Cachons à tous les yeux
La douleur éternelle,
La souffrance cruelle !
Que ma voix lui rappelle
Un devoir rigoureux !

BÉATI.

O hasard favorable !
O destin secourable !
La douleur qui l'accable,
La trahit à mes yeux.
Grâce à cette nouvelle,
Son amour moins rebelle,
Que j'implore et j'appelle,
Couronnera mes vœux.

(A la fin de cet ensemble, Juliette semble s'évanouir ;
sa tante et Thérésa, qui est accourue, la soutiennent
et l'emmènent par la gauche. — La musique continue
pianissimo, pendant le dialogue suivant.)

SCÈNE IX.

LE BARON, BÉATI.[*]

LE BARON, parlant à sa sœur pendant qu'elle s'éloigne.

Ne la quittez pas, ma sœur !

BÉATI, à part.

A merveille ! d'une pierre deux coups !... Je connais mon rival, et je l'ai tué !... Les événemens de la guerre l'empêcheront de reparaître, et je puis manœuvrer pour mon compte !... (Au baron.) Pauvre signora !... Que je suis donc désolé... Si j'avais pu prévoir...

LE BARON, revenant tout pensif.

Ce ne sera rien !... Un spasme !... Mais dites donc, Béati...

BÉATI.

Monsieur le baron ?...

LE BARON, secouant la tête.

C'est fort extraordinaire !

BÉATI.

Quoi donc ?

LE BARON.

Cet évanouissement !..

BÉATI, d'un air indifférent.

Oh ! la sensibilité naturelle aux femmes !

LE BARON.

Ta, ta, ta !... Vous n'êtes pas fin, mon cher... Je ne dis pas cela pour vous humilier !... mais vous autres, gens d'étude, vous ne pouvez avoir notre perspicacité, notre connaissance du cœur humain.

BÉATI, d'un air simple.

C'est possible.

LE BARON.

Vous n'avez pas remarqué que Juliette a vu tomber des colonels, des généraux, sans que sa sensibilité ait soufflé le mot... tandis qu'au seul nom de Léonard...

BÉATI, d'un air de bonne foi.

Vous m'y faites penser... effectivement !... Qu'est-ce que ce Léonard ?

LE BARON.

Je n'en sais rien... Mais je soupçonnais chez ma fille une inclination secrète... et je gagerais ma tête que c'était cet officier.

BÉATI.

Rien ne vous échappe... Oh ! quelle tête !... Moi, j'étais à mille lieues... (D'un air de bonhomie.) Eh bien ! après tout, si ce jeune homme était convenable... Quoique les Français soient, en général, sans mœurs, sans religion !...

LE BARON.

Fi ! mon cher... Un peuple que j'ai en horreur !

BÉATI, avec un soupir.

Ah !... Il est bien libertin !

LE BARON.

Des gens de rien ! sortis de leur révolution comme une nuée de champignons !... Moi ! baron de Cavalto, avec huit cents ans de noblesse, j'aurais accepté un aventurier !... Non, non... Mais je craignais les supplications, les désespoirs !... au lieu que, maintenant, c'est délicieux... (Riant.) Il est mort !...

BÉATI, de même.

Ce n'est pas votre faute !

LE BARON, riant plus fort.

Mon Dieu ! je ne lui en veux pas !...

BÉATI, de même.

Vous auriez tort...

LE BARON, riant aux éclats.

Mais... Il est mort... Hé ! hé ! hé !...

BÉATI, de même.

Que la terre lui soit légère !

LE BARON.

C'est cela !... (En confidence.) Et je puis songer à un autre parti qui me convient mille fois mieux !...

BÉATI, attentif.

Ah !... vous aviez une autre idée ?

LE BARON, de même.

Un homme admirable !... qui a toutes les vertus !...

BÉATI, à part, avec joie.

Est-ce qu'il m'aurait deviné ?

LE BARON.

Un gaillard bien bâti...

BÉATI, à part.

C'est moi !...

LE BARON.

Dont j'ai étudié l'esprit, le caractère !...

BÉATI, plus joyeux.

Vous avez bien fait !... d'étudier ; ça ne peut jamais faire de mal.

LE BARON.

Un garçon que j'estime...

BÉATI, à part.

C'est cela...

LE BARON.

Que j'aime...

BÉATI, de même.

C'est cela !...

LE BARON.

Et qui ne balancera pas, j'en suis sûr, à renoncer à sa carrière, pour se fixer près de nous...

BÉATI, à part.

C'est bien cela !... (Haut.) Oh ! certainement !... Que ne quitterait-on pas pour posséder la divine Juliette !... (Lui prenant la main.) Et je vous avouerai... que... puisqu'il faut parler... franchement...

LE BARON, en même temps.

En un mot, c'est le comte de Blumstein, major autrichien.

BÉATI, étourdi.

Le comte!... (A part.) Patatras!... Que le diable
l'emporte!...

LE BARON.

Un parti magnifique... le bras droit du général
Mack... Il saura protéger mes propriétés... Car
c'est à cela que doit s'attacher le vrai patriote!...
Dix-sept maisons sans compter le mobilier!...
Vous m'approuvez... n'est-ce pas, mon cher?

BÉATI, troublé.

Toujours, monsieur le baron... (A part.) J'ai
bien travaillé... C'est celui-là que j'aurais dû tuer
d'abord.

LE BARON.

Je n'attends que son arrivée... Et dès qu'il sera
ici...

SCÈNE X.

LES MÊMES, MICHAEL, puis, successivement,
THÉRÉSA, LES DOMESTIQUES, SÉVÉRINA,
JULIETTE.

MICHAEL, accourant.

Excellence! excellence!

LE BARON.

Qu'est-ce que c'est?

MICHAEL.

La sentinelle du belvédère vient d'apercevoir
des troupes qui se dirigent vers le château.

LE BARON.

De quel côté viennent-elles?

MICHAEL.

Par la route de Rome.

(Tambour dans l'éloignement.)

LE BARON, avec transport.

Ce sont eux! ce sont nos braves Autrichiens!
Vive l'Autriche! (Courant çà et là.) Ma sœur!...
ma fille!...

THÉRÉSA, accourant et regardant au fond.

Impossible de distinguer! Mais on voit briller
leurs armes... on entend même le tambour!

LE BARON.

Tambour autrichien!... Ça se reconnaît... Quels
sons mâles et énergiques!... (A Béati.) C'est mon
major! (A ses gens.) De la joie sur tous les visa-
ges... des fleurs à toutes les boutonnières... que
ma garnison prenne les armes! (A Béati.) Ah!
mon Dieu! j'ai oublié des cocardes aux couleurs
autrichiennes!... Ça les flatterait!

BÉATI, en attachant une énorme au chapeau du
baron.

J'y ai pensé. (Lui montrant ses gens qui en portent.) Voyez...

* Michaël, le baron, Béati.

LE BARON.

Il pense à tout, ce cher ami!... (Appelant.) Ma
sœur! Juliette! Garde à vous! venez partager...
(Commandant.) Alignement!... (Appelant.) le bonheur qui me met...(Commandant.) En bataille!...

(Ses hommes se rangent à droite.)

BÉATI, seul, sur le devant de la scène.

Je ne me tiens pas pour battu!... Que l'Autrichien fasse une sottise... une seule!... et je le
renvoie à Vienne plus vite qu'il n'est venu!...
(Pendant cet à-parté, des valets et des femmes se mon-
trent les troupes qui arrivent.—Le tambour se fait
entendre plus fort.)

LE BARON, ému.

Le tambour se rapproche!... Vous allez enton-
ner ce chant de triomphe que je vous ai appris...
vous savez?... «Honneur à l'Autriche!...» Une!
deux!... (Battant la mesure.) Partez!...

CHŒUR.

AIR : Compagnons fidèles (Fille de Figaro.)

Honneur à l'Autriche!
Gloire à ses guerriers!
Quel peuple est plus riche
En nobles lauriers?
Rendons tous hommage
A son bras vainqueur,
Et sur son passage
Répétons en chœur :
Honneur à l'Autriche! etc.

(La musique militaire succède au tambour et ac-com-
pagne pianissimo toute cette scène.)

SÉVÉRINA, paraissant de côté avec Juliette.

Du courage, chère enfant!

JULIETTE, à sa tante.

Ah! ma tante!...sourire à ceux qui ont fait mon
malheur... je ne pourrai jamais!...

BÉATI, au fond, regardant avec une lunette d'opéra.

On commence à distinguer...

LE BARON, regardant avec une longue vue.

Quelles magnifiques troupes!... quels beaux
hommes!... (A ses gens.) Que l'on prépare pour
eux du falerne... toute ma cave... Les Français
n'en tâteront pas... (D'un air de bravade.) Oui!
peuple tyran... je te nargue... je... (Il s'arrête tout
surpris en écoutant la musique qui s'approche.)
Qu'est-ce que c'est donc que cet air-là?...

BÉATI.

C'est drôle!... on dirait une marche française!...

LE BARON, souriant.

Pour s'en moquer! ils le font exprès... (Avec
enthousiasme.) Voyez cet étendard qui flotte sur
leurs têtes!...

BÉATI, regardant au fond.

Eh! mais... c'est le drapeau tricolore!...

LE BARON, étonné.

Qu'est-ce que vous dites?

BÉATI.

Ils ont des uniformes bleus!...

* Juliette, Sévérina, le baron, Béati, Michaël, les valets.

LE BARON.

Blancs?...

BÉATI.

Bleus !...

LE BARON.

Qu'est-ce que vous dites ?

BÉATI.

Ce sont les Français !

TOUS.

Les Français !...

JULIETTE, se ranimant.

Les Français !...

LE BARON, troublé.

Saint Janvier ! ils ont donc frotté nos amis ?...

BÉATI.

Ça leur arrive quelquefois...

LE BARON, commandant à ses gens.

Demi-tour à gauche...

BÉATI.

Qu'est-ce que vous allez faire ?

LE BARON.

Une retraite combinée... Filons tous !

BÉATI, avec force.

Du tout ! ne perdons pas la tête !... un air ouvert... un front joyeux ! car c'est eux que nous attendions...

LE BARON, étourdi.

Comment ! cette fête ?...

BÉATI.

C'est pour eux !

SÉVÉRINA.

Ce dîner, ce bal !...

BÉATI.

C'est pour eux... Je les entends... Attention !...

LE BARON, montrant les cocardes autrichiennes de ses gens.

Miséricorde ! c'est fait de nous !... leurs cocardes autrichiennes !...

BÉATI.

Retournez-les...

(Ils retournent leurs cocardes, et l'on voit des cocardes tricolores.)

LE BARON, retournant la sienne et restant stupéfait.

Oh !... des cocardes tricolores !...

BÉATI.

On les fait toujours à deux fins ! on ne sait pas ce qui peut arriver.

LE BARON.

C'est fort ingénieux.

BÉATI, près de l'escalier, et aux gens du baron.

Les voici !... Eh ! vite, entonnez ce chant de triomphe !

LE BARON, troublé, et les soufflant.

Honneur à l'Autriche !...

BÉATI.

Eh ! non... « Honneur à la France !... »

LE BARON.

Quel adroit changement !... Il l'a fait tout de suite.

SCENE XI.

LES MÊMES, LÉONARD, précédé d'OFFICIERS de différentes armes, entrant par le fond.

CHOEUR GÉNÉRAL.

Honneur à la France,
Gloire à ses guerriers !
Partout leur vaillance
Cueille des lauriers.
Offrons notre hommage
A leur bras vainqueur,
Et sur leur passage
Répétons en chœur :
Honneur à la France ! etc.

(A la fin du chœur, Léonard est entré par l'escalier du fond, précédé de ses officiers. — Deux sentinelles se placent aux deux côtés de la balustrade.)

JULIETTE, voyant Léonard.

C'est lui !...

SÉVÉRINA, bas.

Qui donc ?

JULIETTE, bas et hors d'elle.

Léonard !... Il existe !... Ah ! que je suis heureuse !...

LÉONARD, à part.

Juliette !... je la revois !

(Ils échangent des regards d'intelligence.)

SÉVÉRINA, bas, à Juliette.

Cache bien ta joie !

LÉONARD, avec empressement.

Rassurez-vous, mesdames... Nous serions désespérés que notre présence vous causât la moindre alarme !

BÉATI, poussant le baron.

Parlez-leur donc !...

LE BARON, bas et balbutiant.

Je ne puis pas... j'ai la langue pétrifiée.

BÉATI, de même.

Quelques mots !...

LE BARON, haut, d'un air piteux.

Messieurs... non... citoyens..., c'est avec les plus vifs regrets... Je veux dire l'ivresse... la plus pure... que l'événement d'une disgrâce... aussi... fortunée... (A part.) Je n'en sortirai pas...

BÉATI, passant devant lui. **

Messieurs !.. non... citoyens !... Nous étions sûrs de votre victoire... Vous voyez ces figures épanouies !... Nous vous attendions...

LÉONARD, souriant.

Je vous rends grâce ! Nous-mêmes (Au baron.) nous avions hâte d'arriver... pour... (Regardant Juliette.) veiller à la sûreté de tout ce qui vous est cher...

LE BARON, toujours troublé.

Vous êtes bien bon !

* Juliette, Sévérina, Léonard, le baron, Béati.
** Juliette, Sévérina, Léonard, Béati, le baron.

LÉONARD.

Nous logerons chez vous, baron !

LE BARON, de même.

Vous êtes bien honnête !

LÉONARD, faisant signe à un officier.

Nos troupes vont camper dans les environs !...

BÉATI.

C'est un honneur !... (D'un ton insinuant.) Mais votre général... le général Championnet ?...

LÉONARD, avec embarras.

Il nous suit... Nous ne sommes que l'avant-garde... et comme nous entrons demain dans Naples...

BÉATI, bas, au baron.

J'entrevois du mystère...

LE BARON, bas.

Bah !...

BÉATI, bas.

Cet air d'embarras !...

LE BARON, bas.

Bon !

BÉATI, lui imposant silence.

Chut !

LÉONARD, à un officier qui arrive et lui parle bas.

Eh bien ?

L'OFFICIER, bas.

Pas de nouvelles !

LÉONARD, à mi-voix.

Quoi ! le général ?... (L'officier fait signe qu'on ne sait ce qu'il est devenu.) Envoyez des éclaireurs dans toutes les directions.

BÉATI, qui a prêté l'oreille.

Leur général a disparu... c'est un débris !... nous sommes sauvés !...

LE BARON, bas.

Comment?...

BÉATI, bas.

Silence ! il faut les endormir... (Haut, d'un air ouvert.) Nobles élus de la victoire... le dîner est servi. Nous allons enfin nous mesurer... le verre en main ! c'est ma seule manière de me battre... (Riant.) Hé ! hé ! hé !... Car je ne suis pas un foudre de guerre... moi !... J'étudie cependant le droit canon... (riant plus fort,) mais pas le vôtre... hé ! hé ! hé ! pas le vôtre...

LE BARON, émerveillé, à part.

C'est un démon...

UN OFFICIER.

Vivat ! c'est un luron !...

BÉATI, se frottant l'épaule et regardant l'officier qui l'a frappé.

Ça doit être un Périgourdin !... celui-là !

CHOUR GÉNÉRAL.

AIR : Au bruit du champagne. (Tuteur de vin

Repas délectable
Offre à { nos / vos } yeux surpris
Des vins exquis.
Courons nous { mettre à table,
Venez vous {
C'est un banquet d'amis !

Que la joie accompagne
Ce moment enchanteur,
Et les pas du vainqueur !
Du bordeaux, du champagne
Savour ons/rez la douceur !
Car c'est là le bonheur !   (Ter.)
Oui, le bonheur !

(Léonard offre la main à Séverina, Carlo à Juliette. — Le baron est entouré par les officiers qui les suivent, sur l'invitation de Béati, qui les accable de politesses. — La toile tombe.)

❖❖❖❖❖❖❖❖❖❖❖❖❖❖❖❖❖❖❖❖❖❖❖❖❖❖❖❖❖❖❖

ACTE DEUXIÈME.

Le théâtre représente une partie très touffue du parc du baron. — A gauche du spectateur, un massif d'orangers et quelques statues indiquant le voisinage du château. — A droite, un mur tapissé de charmille qui remonte et joint une grande grille en fer richement ouvragée. — Au premier plan, à droite, une petite porte pratiquée dans le mur et à moitié masquée par le feuillage. — Au fond, un couvert très épais, qui conduit au bord de la mer.

SCÈNE I.

LÉONARD, JULIETTE. *

(Ils entrent par la gauche.)

LÉONARD, agité.

Qu'ai-je entendu ? Ah ! Juliette !...

* Juliette, Léonard.

JULIETTE, le calmant.

Parlez bas ! Si l'on s'apercevait de mon absence...

LÉONARD.

Un autre ! votre époux !

JULIETTE.

C'est l'ordre de mon père.

LÉONARD.

Et vous obéirez ?

JULIETTE.

Que puis-je faire, mon Dieu ?

LÉONARD, avec force.

Vous obéirez, au mépris de vos sermens... des vœux d'une mère mourante, qui avait béni notre amour !... Insensé que j'étais de croire que mon épée suffirait pour mériter votre main !...

JULIETTE.

Léonard, ah ! ne me désespérez pas ! Vous savez si je vous aime, si je déplore les idées d'ambition et de fortune de mon père !

LÉONARD, vivement.

Qu'il garde ses richesses !... Je ne veux rien de lui... Je ne veux que vous seule, Juliette... que le droit d'assurer l'avenir, le bonheur de ma femme !... Mais si mon devoir allait encore m'éloigner de vous... Si, pendant mon absence, ce major de Blumstein...

JULIETTE.

Vous me glacez d'effroi !... Mais quel moyen de conjurer un pareil malheur ?

LÉONARD.

Il n'en est qu'un ! mais, il faudrait que votre tendresse fût égale à la mienne.

JULIETTE.

Parlez !

LÉONARD, à mi-voix.

Que j'emporte avec moi le titre de votre époux... qu'un nœud secret...

JULIETTE, effrayée.

Que dites-vous ?... juste ciel !...

LÉONARD.

Alors je repartirais tranquille... certain que nulle puissance au monde ne pourrait m'enlever le seul bien qui me fasse chérir la vie !... Alors je redoublerais d'efforts pour anoblir mon nom et le couvrir de cet éclat qui fait tout pardonner !...

JULIETTE.

Oh ! taisez-vous !...

LÉONARD.

Il est facile d'échapper aux soupçons... Cette nuit même... un prêtre que l'on aurait averti...

JULIETTE, suppliante.

Jamais !... Oh ! taisez-vous, Léonard !...

(Le baron paraît.)

SCÈNE II.

LES MÊMES, LE BARON. *

LE BARON, surpris.

Léonard !...

LÉONARD, à part.

Ciel !...

JULIETTE.

Mon père !...   (Ils s'éloignent l'un de l'autre.)

* Juliette, le baron, Léonard.

LE BARON, à part.

Léonard !... C'est lui !... il existe... J'aurais dû m'en douter... du moment que le journal assurait qu'il était mort !... N'ayons pas l'air... (Haut et d'un air agréable.) Hum ! je vous cherchais, mon cher hôte... et je sais bon gré à ma fille de vous faire les honneurs...

LÉONARD.

Monsieur...

JULIETTE, interdite.

J'ai cru qu'en votre absence...

LE BARON, gaîment.

Comment donc !... C'est très bien... à nos chers alliés... (Lui serrant la main.) à nos bons amis... (A part.) jusqu'à nouvel ordre. (Haut.) Je faisais disposer l'appartement de votre général... le plus beau du château, comme de juste... (Le regardant d'un air ironique.) Car il doit toujours venir, le général Championnet ?...

LÉONARD, avec embarras.

Sans doute... d'un moment à l'autre...

LE BARON.

C'est ce que je disais... Demain... après-demain... on ne peut pas savoir !

LÉONARD, à part.

Il a reçu des nouvelles...

LE BARON.

En attendant, comme vous avez besoin de repos, je vous ai fait préparer...

LÉONARD, regardant Juliette.

Oh ! la première chambre venue, dans un coin du château...

LE BARON.

Non pas... Fi donc !... vous seriez trop loin de vos soldats... qui occupent le village... (Montrant la grille à droite.) Le bien du service exige... Nous autres gens de guerre... nous connaissons cela !... Je vous ai établi dans la maison de mon régisseur... un vrai bijou... de ce côté... hors du parc... sans aucune communication avec nous...

LÉONARD, à part.

Qu'entends-je ?...

LE BARON, tirant une clé de sa poche, et se dirigeant vers la grille.

Vous y serez parfaitement tranquille... J'y ai fait porter des viandes froides, deux paniers de mes meilleurs vins...

LÉONARD, à part.

M'éloigner !... (Haut.) Permettez, baron... Et cette fête ?...

JULIETTE, timidement.

Vous aviez invité ces messieurs ?.

LE BARON.

C'est une indiscrétion dont je leur fais mille excuses !... Les engager à danser, après des marches, des contremarches !...

LÉONARD, vivement.

Je ne suis pas fatigué.

LE BARON.

Ta, ta, ta... Dans le premier moment, on ne s'aperçoit pas..

LÉONARD, vivement.

Je vous jure...

LE BARON.

D'ailleurs, il vous est arrivé des dépêches auxquelles il faut répondre.

LÉONARD, s'emportant.

Mais, monsieur...

LE BARON, sèchement.

Mais, monsieur... Un vainqueur a des droits... mais un père a les siens !... vous m'entendez ?... et vous n'insisterez pas davantage contre des arrangemens que votre général lui-même approuverait.

JULIETTE, à part.

C'est fait de nous. (Le baron va ouvrir la grille.)

LÉONARD, à part.

Impossible de résister. (Bas, à Juliette.) Près de cette grille... dans une heure... il faut absolument que je vous parle... (Au baron, qui lui montre la grille.) Allons, monsieur le baron... vous y mettez tant de grâce !... Mais je n'oublierai pas cette attention de votre part, et je tâcherai de m'acquitter le plus tôt possible.

LE BARON.

Trop aimable !

ENSEMBLE.

AIR : Oui, je compte sur sa bonté. (L'Image.)

LÉONARD et JULIETTE.

Oui, d'un père
Trop sévère
Evitez^{tous} la fureur !
Votre absence
Va, je pense,
Désarmer sa rigueur. (*Bis*)
Du courage !
De l'orage
Éloignons-nous_{nez-vous} sans bruit.
Espérance
Et prudence,
Quand l'amour nous conduit.

LE BARON, à part.

Faisons taire
La colère
Qui s'élève en mon cœur.
Sa présence
Et m'offense,
Et double ma fureur. (*Bis*.)
Du courage !
Cet outrage
A mon but me conduit.
Espérance !
Ma vengeance
Va les frapper sans bruit.

(Léonard sort.)

LE BARON, refermant la grille.

Là... tout droit... le pavillon où vous voyez une sentinelle... *Bona sera, signor.* (Entre ses dents.) Et que le diable l'emporte !

(Il remet la clé dans sa poche.)

●●●●●●●●●●●●●●●●●●●●●●●●●●●●●●●●●●●●●●●

SCÈNE III.

LE BARON, JULIETTE.

JULIETTE, inquiète.

Le général s'offensera peut-être...

LE BARON.

Silence ! fille indigne de ma race !

JULIETTE.

Qu'avez-vous ?

LE BARON, croisant les bras, et éclatant.

Le voilà donc connu, ce mystère effroyable !.. L'héritière des Cavalto !.. une Malatesta, Gonfalieri Bradamante ! vouloir me donner pour gendre, qui ?... M. Léonard !... Léonard !... Qu'est-ce que c'est que ça ?.. Madame Léonard !... Qui est-ce qui s'est jamais appelé madame Léonard ?...

JULIETTE.

Qu'importe le nom, mon père, si c'est un honnête homme ?

LE BARON.

Un honnête homme !... Je vous vois venir avec vos idées révolutionnaires ! Votre mère rougirait !...

JULIETTE.

C'est elle-même qui avait encouragé...

LE BARON.

Ma femme ! je la reconnais bien là... des idées romanesques !... comme votre tante... Accueillir un inconnu !...

JULIETTE.

Le fils d'un avocat célèbre.

LE BARON, s'animant.

Oui, ils sont tous fils d'avocats ; c'est si commode ! Qui n'a d'autres parchemins que les dossiers de son père... qui ne sait que se battre... Le beau mérite, de percer à coups de sabre !... Il ne faut que du poignet... Fi ! fi !... Des misérables, enfin, qui ne pourraient pas même protéger mes superbes propriétés, car dès demain ils seront tous prisonniers.

JULIETTE.

Que dites-vous ?

LE BARON.

Ce que personne n'ignore... malheureuse enfant ! Championnet a été défait... anéanti !... On ne sait ce qu'il est devenu...

JULIETTE.

Il serait vrai !

LE BARON.

Le général Mack nous l'avait bien promis. Les Autrichiens entrent secrètement cette nuit à Naples... c'est arrangé... Un coup de canon, tiré du fort Saint-Elme, doit en avertir les environs... et, au point du jour, tous les Français surpris, forcés de se rendre... On parle même de petites vêpres siciliennes... Ce sont les patriotes purs... mais je ne suis pas de cet avis-là.

Le baron, Juliette.

JULIETTE, à part.

O mon Dieu!... Ah! son danger me le rend encore plus cher!

LE BARON.

Je leur fais un reste de bonne mine jusqu'à l'événement... parce qu'on ne sait pas... mais aussitôt notre triomphe assuré, je leur tourne le dos! et vous épousez le major de Blumstein.

JULIETTE, avec résolution.

Non, mon père! je ne puis vous tromper. J'ai revu Léonard, et le péril qui le menace m'inspire un courage dont je ne me croyais pas capable... Jamais je ne serai à un autre!

LE BARON, s'emportant.

Qu'est-ce à dire?... une rébellion ouverte!... Et moi, je vous déclare que dès demain vous serez la femme du comte!

JULIETTE, effrayée.

Demain!...

LE BARON.

Mes ordres sont donnés... la chapelle du château est prête... et...

JULIETTE, éplorée.

Par pitié!...

LE BARON.

On vient!... silence, signora! et que personne ne puisse soupçonner mes chagrins domestiques.

SCÈNE IV.

LES MÊMES, BÉATI.

BÉATI.

Eh! vite, monsieur le baron!

LE BARON.

Qu'est-ce qu'il y a?

BÉATI, s'essuyant le front.

La signora Séverina vous cherche, vous demande... Vos salons sont éblouissans de marquises, de duchesses... On étouffe... C'est charmant!

LE BARON.

Ah! mon Dieu, le bal que j'oubliais!... Allons, ma chère Juliette...

JULIETTE, bas.

Danser... dans un pareil moment!

LE BARON, bas.

La patrie le réclame.

BÉATI, à part.

Il y a eu de l'orage... Bravissimo!

LE BARON, à sa fille.

Vous ouvrirez le bal avec...

BÉATI.

Avec le prince de Moliterne, qui vient d'arriver.

LE BARON, ravi.

Le prince de Moliterne! le chef populaire de

* Béati, le baron, Juliette.

Naples... l'idole des lazzaroni! chez moi! Quel honneur! je cours le recevoir... A-t-il quelque nouvelle?

BÉATI.

Il fait le discret, mais le bruit de l'entrée des Autrichiens pour cette nuit se confirme... Je n'en doute plus, car la figure du prince est radieuse.

LE BARON.

C'est drôle! je le croyais pour les Français, autant qu'un homme d'État peut être pour quelqu'un.

BÉATI, souriant.

Ah! dame! on se retourne.

LE BARON.

A qui le dites-vous! Moi-même, mon Dieu!

BÉATI.

Tous les hommes forts!

LE BARON.

C'est là le propre du génie de savoir se retourner... Je cours le recevoir. (A sa fille.) Suivez-moi, signora. (Bas, à Béati.) Donnez-lui la main, Béati. (Bas, à sa fille.) Essuyez donc vos yeux. (Bas, à Béati.) Faites-lui de la morale. (Bas, à sa fille.) Un air riant. (A Béati.) Vous, l'ami de la famille, c'est votre affaire... mais, qu'elle m'obéisse, ou par la corbleu!... (Musique au loin.) Dieu! la saltarella qui est en train... Je vole auprès du prince. (Il sort par la gauche.)

SCÈNE V.

BÉATI, JULIETTE.

JULIETTE, à part.

Demain! demain, l'épouse du comte!

BÉATI, à part.

On a pleuré... excellente occasion pour souffler le feu et gagner du terrain.

JULIETTE, à part.

Quel parti prendre? Ah! Béati... Lui seul peut me donner un bon conseil.

BÉATI, lui offrant son bras.

Venez-vous, signora? (La regardant.) Eh! bon Dieu! qu'est-ce que je vois? des larmes dans ces beaux yeux!... des soupirs étouffés!...

JULIETTE.

Ah! mon bon Béati, je suis bien à plaindre, allez!

BÉATI, d'un ton patelin.

Est-ce que le papa?... Il a quelquefois des idées singulières!... de petites lubies!

JULIETTE, avec dépit.

Il est d'une cruauté... Et si je n'écoutais que mon désespoir...

BÉATI, à part.

La tête est montée... A merveille!

* Juliette, Béati.

JULIETTE.

Mais ce serait mal, je le sens... et c'est à vous,
Béati... un homme sage, instruit, au dessus de
toutes les passions, à devenir mon guide.

BÉATI, à part.

On veut la contraindre à épouser le comte...
Attention ! (Haut.) Parlez ! parlez, mon enfant ;
c'est mon fort que les cas de conscience, et j'ai fait
une étude particulière des moyens d'accorder le
devoir et sa satisfaction personnelle.

JULIETTE.

Vous savez combien je respecte mon père ?

BÉATI, d'un air benin.

Ah ! c'est l'image de Dieu sur terre ! il faut lui
obéir en toutes choses.

JULIETTE.

Mais quand il veut abuser de son pouvoir, et
faire votre malheur !

BÉATI, gravement.

Oh ! alors... lui résister est un devoir.

JULIETTE, étonnée.

Un devoir ?

BÉATI, avec bonhomie.

C'est évident ; car, en contraignant votre cœur,
il va se rendre malheureux... il va se damner,
ce pauvre père !... et, en bonne fille, vous devez
tâcher de lui épargner ce chagrin.

JULIETTE, vivement.

Quoi ! ce ne serait pas mal ?

BÉATI, de même.

Ce serait très bien ! Tous nos auteurs... à nous...
sont d'accord sur ce point.

JULIETTE.

Mais si je ne puis le fléchir ?...

BÉATI.

Oh ! alors,.. il faudrait disparaître.

JULIETTE, effrayée.

Fuir la maison paternelle !

BÉATI, vivement.

Oh ! non. Oh ! Dieu ! ce n'est pas moi qui vous
engagerais... (Se reprenant.) Mais pour quelques
jours seulement... en choisissant un asile respec-
table !...

JULIETTE, à elle-même.

En effet... ce moyen... (Haut.) Merci de vos
sages conseils, Béati !... je les suivrai... Dès demain, je cours m'enfermer dans un cloître.

BÉATI, stupéfait.

Dans un cloître... (À part.) Peste ! ce n'est pas
mon compte... (Haut et d'un ton plaintif.) Qu'est-
ce que vous me dites ?... Bonté divine !... Ense-
velir dans un couvent... tant de grâces, tant de
charmes !...

JULIETTE.

C'est mon seul refuge !

BÉATI.

Fi donc ! ce serait un meurtre !... un holocauste
impie !... (Toujours plus patelin.) Vous, pauvre
agneau sans tache... pauvre petite colombe blanche... qui devez faire la joie et l'orgueil de ce
monde...

JULIETTE.

N'est-ce pas vous qui venez de me conseiller...

BÉATI.

De fuir un pouvoir tyrannique... et non de vous
faire religieuse. (Mouvement de Juliette.) Je sais...
je sais... quand on a des chagrins, on voit tout
en noir !... Mais à votre âge, chère signora, l'a-
venir offre tant de dédommagemens... (Hésitant.)
Et s'il existait un homme qui vous aimât plus
que sa vie ?...

JULIETTE, attentive.

Comment ?...

BÉATI.

Mon Dieu ! je ne connais rien à ces choses-là,
moi... je vous en parle comme un aveugle des
couleurs... Vous concevez ?... un solitaire enfoncé
dans ses livres, étranger aux orages du cœur !...
Mais enfin, s'il existait un homme... pas bien loin
d'ici !.. peut-être... C'est une supposition...

JULIETTE, à part.

Que dit-il ?...

BÉATI, avec âme.

Qui eût mis en vous toutes ses espérances... qui
ne vécût que pour vous aimer...

JULIETTE, à part.

Il a deviné que Léonard...

BÉATI, à part.

Elle finira par se douter que c'est moi !...

JULIETTE, timidement.

Vous pensez que... quelqu'un ?...

BÉATI.

C'est si naturel !

JULIETTE, à part, le regardant.

Il sait tout !

BÉATI, à part.

Elle comprend. (Haut.) Ce pauvre malheureux,
en renonçant au monde, vous le poussez au désespoir, au suicide !... Il se tuera !

JULIETTE.

O ciel !...

BÉATI, à part.

Il n'y a pas de danger... mais ça fait toujours
bien de dire ça... (Haut.) Et quels remords éternels pour vous !...

JULIETTE.

Mais que faire, alors ?

BÉATI, tendrement et remontant la scène.*

Que faire ? Il faut vous conserver à lui... vous
placer dans une position qui oblige votre père à
renoncer à ses projets... (Avec bonhomie.) Car, je
le connais, ce bon père... il ne demande qu'à
avoir la main un peu forcée, pour se rendre et pardonner.

JULIETTE, avec empressement.

Mais comment y parvenir ?

____

* Béati, Juliette.

BÉATI, à mi-voix.

Cette nuit même, une voiture, préparée par mes soins, peut vous conduire dans une retraite sûre...

JULIETTE, se récriant.

Un enlèvement !...

BÉATI.

Oh ! non, pas un enlèvement !... ce n'est pas moi qui vous conseillerais... Un petit voyage fort innocent ! surtout si quelqu'un vous accompagne...

JULIETTE.

Un homme ?...

BÉATI.

Non... non... pas un homme...Ce n'est pas moi qui !... un ami... d'un caractère honorable... comme qui dirait... moi, par exemple ! Je prends la première personne venue.

JULIETTE, troublée.

Je vous remercie de votre zèle, de votre dévoûment, Béati... mais jamais je ne consentirai...

BÉATI.

Vous aimez donc mieux épouser le comte de Blumstein ?

JULIETTE.

O dieux !...

BÉATI, avec chaleur.

Et cet autre infortuné qui ne respire que pour vous... vous voulez donc sa perte?... Ah ! s'il était là... il vous supplierait de le sauver... il se jetterait à vos pieds, comme je m'y jette en ce moment... (Juliette le regarde d'un air étonné.) Je me figure tout ce qu'il doit souffrir, ce pauvre jeune homme ! (D'un air ému et avec passion.) O vous que j'adore, vous dirait-il, ne me condamnez pas à des regrets éternels... suivez-moi, chère Juliette... (c'est lui qui parle), songez que je puis être découvert (c'est encore lui)... Ah ! par cette main que je presse sur mes lèvres... (Il la couvre de baisers.) C'est toujours lui !

JULIETTE, retirant sa main.

Eh mais !...

BÉATI, confus.

Pardon ! le dévoûment m'emporte... (Feignant de pleurer.) Mais je l'aime tant ! ce pauvre garçon, sans le connaître, que je me mets à sa place et ça m'arrache des larmes.

JULIETTE, touchée.

Bon Béati !

BÉATI.

AIR : Valse de Rosati.

> De votre amant, oui, j'entends
>   Les accens !
> Je ressens
>   Ses tourmens.
> Le malheureux, peut, hélas !   (bis.)
>   Invoquer le trépas !
> Il en est temps encore...
>   Il vous adore,
>   Il vous implore;

CARLO BÉATI.

Le feu qui le dévore
     Vous dit encore,
     Vous dit tout bas :
     Ah ! soyez moins fière,
     Et moins sévère,
     Oui, ma prière....
     Que votre cœur
     Daigne l'entendre...
     Il faut se rendre
A ma brûlante ardeur !
     Non, plus de rigueur !
     Viens ! ma voix t'appelle,
     Pourquoi, cruelle,
Te jouer de ma douleur ?
Viens, sans plus attendre,
     Il faut se rendre,
     Et prononcer mon bonheur !

JULIETTE, très émue.

Ah ! comment combattre !...

BÉATI, avec transport.

Vous consentez ?...

JULIETTE, vivement.

Je n'ai pas dit cela !

BÉATI, de même.

Si, si... je vous comprends... (A part.) Victoire ! une fuite clandestine avec moi... Le baron sera bien obligé de me nommer son gendre !

JULIETTE.

Mais, permettez...

BÉATI.

Rien... rien... je cours tout disposer ! Dans deux heures... la voiture sera prête... vous aussi...

ENSEMBLE.

BÉATI.

Ah ! soyez moins fière, etc.

JULIETTE.

> Oui, malgré mon père
> Et sa colère,
> Je dois me rendre
> A tant d'ardeur !
> Sa voix si tendre
> Me promet le bonheur !

(Béati sort par la gauche.)

<hr>

SCÈNE VI.

JULIETTE, seule.

(Elle veut retenir Béati. — La nuit vient peu à peu.)

Béati !... Il ne m'entend plus !... — Quelle chaleur ! quel empressement à nous servir !... voilà un ami véritable... une âme désintéressée !... Je ne sais pourquoi, cependant... j'éprouve un trouble... une émotion !.. Léonard ne peut tarder... (S'approchant de la grille.) J'ai cru entendre de ce côté...

* Juliette, Béati.

2

SCÈNE VII.

JULIETTE, LÉONARD, puis BÉATI.

LÉONARD, à travers la grille à droite.
Juliette !...

BÉATI, revenant à gauche.
J'avais oublié de vous demander...

JULIETTE, sans l'entendre.
C'est vous, Léonard ?

BÉATI, à part.
Léonard ! celui que j'ai tué ! Satanas ! Prenons
garde ! il y a de la trahison !

(Il se cache derrière une statue, à gauche.)

LÉONARD.
Vous êtes seule ?

JULIETTE, allant à la grille.
Oui.

BÉATI, à part.
A peu près.

LÉONARD.
Il n'y a pas à balancer... Juliette... je suis
banni par votre père !... Demain, dans quelques
heures, peut-être, je recevrai l'ordre de rejoindre
mon général, et il faudra m'éloigner avec cette
pensée que vous allez appartenir à un autre !

JULIETTE.
Calmez-vous, Léonard... J'ai consulté un ami
sage et prudent...

BÉATI, à part.
Voici qui me regarde !

JULIETTE, continuant.
Mais disparaître ainsi, avec un jeune homme !..

BÉATI, à part.
Je n'ai pas dit cela.

LÉONARD, vivement.
Que pouvez-vous craindre, s'il est votre époux ?

BÉATI, à part.
Son époux !

LÉONARD.
C'est notre seul moyen de salut ! J'ai tout
prévu... Cette vieille chapelle qui est au bout de
votre parc, sur le bord de la mer...

BÉATI, à part.
Je la connais.

LÉONARD.
A une heure précise, un prêtre s'y trouvera.

BÉATI, à part.
Pas mal...

LÉONARD.
Procurez-vous la clé de cette petite porte.

BÉATI, à part.
C'est facile.

LÉONARD.
Trois coups dans la main vous avertiront que
je suis là !... Vous m'ouvrez, nous courons à la
chapelle... Et dès que le ciel aura reçu nos sermens, il faudra bien que votre père nous pardonne.

BÉATI, à part.
Oh ! quel plan infernal ! Je n'aurais pas mieux
fait !

JULIETTE, tremblante.
Jamais ! Une démarche si hardie !... (On entend
un coup de canon très éloigné.) Qu'entends-je ?

BÉATI, à part.
C'est du fort Saint-Elme.

LÉONARD.
Qu'avez-vous ?

JULIETTE, éperdue.
Ah ! je voudrais en vain vous le cacher !... Ce
que mon père me disait tout à l'heure... Il est
trop vrai ! Les Autrichiens sont maîtres de Naples... Ce signal nous l'annonce... Et le comte de
Blumstein est sans doute près de nous !

LÉONARD.
Et vous pouvez encore balancer ?

JULIETTE, vivement.
Non, non, je consens à tout.

LÉONARD, avec bonheur.
Juliette !

BÉATI, à part.
J'étais sûr qu'elle finirait par là !... Misérable
suborneur !... Voilà pourtant comme on perd la
jeunesse !

JULIETTE.
Éloignez-vous ! Je vais paraître un moment à
ce bal, pour dérouter les soupçons... puis dans une
heure...

LÉONARD.
A cette porte...

JULIETTE.
Trois coups dans la main...

BÉATI, à part.
C'est convenu !

ENSEMBLE.

AIR de danse de Raoul Barbe-Bleue. (Grétry.)

LÉONARD et JULIETTE.
La nuit et le silence
Protègent notre ardeur.
Douce nuit, ta présence,
D'amour et d'espérance
Fait palpiter mon cœur.

BÉATI, à part.
Pour moi plus d'espérance !
Je vois fuir le bonheur,
Mais gardons le silence,
De rage et de vengeance
Je sens battre mon cœur.

(Juliette sort par la gauche au troisième plan. —
Léonard disparaît.)

SCÈNE VIII.

BÉATI, seul.

Maladetto ! j'ai joliment réussi... en l'armant contre son père !... Je croyais m'emparer d'elle, et je la

jette dans les bras de mon rival, qui s'avise de ressusciter sans m'en demander la permission... drôle! Et cette innocente brebis que je croyais si timorée!... Oh! ces jeunes filles! une fois qu'elles prennent leur volée!... Brrr!... Dans une heure! son époux! Corpo di Bacco! Tous mes rêves de fortune, de béatitude éternelle... cette existence de prince que je m'étais préparée... tout s'écroulerait devant une épaulette et une petite moustache françaises!...Non! de par tous les anges... ou tous les diables! J'ai leur secret! je cours prévenir le baron, on s'embusque, on les surprend, et... Oui, et je la fais épouser à cet autre mannequin d'Autrichien qui arrive cette nuit, et me remerciera de ma stupidité!... Que faire? Me voilà entre deux feux! comme saint Laurent, rôti d'un côté ou grillé de l'autre... je n'ai que le choix! Est-ce qu'il n'y aurait pas quelque moyen... charitable... sans me brûler les doigts, de retirer les marrons du feu?... Eh! mais, si j'essayais... Non, c'est commun, c'est misérable! et puis je n'ai pas le temps... Oh!... pourquoi pas?.. Hum!... Si fait!... C'est hardi! c'est d'une audace... Tant mieux! c'est digne de moi... et cela me décide.

AIR : Écoutez-moi, mes toutes belles. (Eau Merveilleuse.)

> Adieu verroux, grilles sévères,
> Moines barbus, jeunes austères,
> Séjours cloîtrés dont la rigueur
> Venait épouvanter mon cœur,
> Et glaçait mes sens de terreur!
> Vers une existence plus douce
> Lorsque la fortune me pousse,
> Au vol il nous faut la saisir:
>   Pour toujours je quitte
>   La robe d'ermite,
>   Et prends au plus vite
>   L'habit du plaisir!   (bis.)
>   Pour toujours je quitte
>   La robe d'ermite,
>   Vive le plaisir!
>
> Qu'au point du jour on carillonne,
> Dans tous les couvens, que l'on sonne
> Pour proscrire *bonum vinum,*
> *Atque magnum appetitum!*
> Car *vanitas vanitatum!*
> Moi, bercé d'un songe agréable,
> J'ai bon vin, bon feu, femme aimable!
> Et rien à faire, pour loisir.
>   Oui, gaîment je quitte
>   La robe d'ermite, etc.

On vient! Eh! vite! Un avis secret lancé avec adresse, et mes deux tourtereaux apprendront à lutter avec moi.

THÉRÉSA, à mi-voix, une lanterne sourde à la main.

Je ne suis pas plus rassurée qu'il ne faut, au moins.

BÉATI, à part.

C'est la petite jardinière! Prenons garde!

(Il sort à gauche.)

THÉRÉSA, se retournant avec effroi.

Oh! quel coup de vent!

THÉRÉSA, seule, avec crainte.

Hein? qui est-ce qui est là? J'ai cru entrevoir une ombre...Que je suis bête! c'est cette statue!... Je vous demande aussi quel caprice a pris à mademoiselle de vouloir se promener à cette heure-ci... quand on peut s'amuser à regarder ces beaux messieurs et ces belles dames qui dansent comme des perdus, qui prennent des glaces, des sorbets!... Voilà un spectacle agréable à voir!... Mais les maîtres ont des idées... Chut! c'est elle!

JULIETTE, enveloppée d'une mante, entrant par la gauche, THÉRÉSA.

JULIETTE.

Enfin! j'ai pu m'échapper sans être remarquée... Thérésa!

THÉRÉSA.

Me voici, mamselle!

JULIETTE.

Es-tu folle? De la lumière, pour nous faire découvrir... Éteins vite cette lanterne.

THÉRÉSA, soufflant sa lanterne.

Qu'est-ce que nous allons donc faire, mon Dieu?

JULIETTE.

Personne ne t'a vu descendre au jardin?

THÉRÉSA.

Personne.

JULIETTE.

As-tu la clé de cette petite porte?

THÉRÉSA.

Je l'ai escamotée à mon père.

JULIETTE, distraite.

Bien! Je n'ai pu prévenir ma tante au milieu de cette foule... mais tu nous suffiras pour être témoin...

THÉRÉSA.

Témoin! de quoi donc?

JULIETTE.

Tu le sauras. (Écoutant.) N'est-ce pas l'horloge du château?... Non! Tiens-toi là, près de la porte, et dès que le signal se fera entendre...

THÉRÉSA.

Un signal! (A part.) Qu'est-ce que tout ça veut dire? V'là la peur qui me prend!   (Musique.)

JULIETTE, à part.

Le cœur me bat! (Haut.) Tu n'entends rien?

THÉRÉSA, écoutant à la petite porte à droite.

Rien, mamselle!

JULIETTE.

Il va venir! attendons!

ENSEMBLE.

AIR de la Rêverie du soir. (Félicien David.)

JULIETTE.

Que ton ombrage,
O vert feuillage !
D'un voile épais couvre ces lieux !
Nuit tutélaire,
En toi j'espère,
Cache-moi bien à tous les yeux !

THÉRÉSA.

Sous cet ombrage,
Un noir présage
D'un voile épais couvre mes yeux.
Jour tutélaire,
En toi j'espère,
Ah ! viens vite éclairer ces lieux !

(On entend sonner une heure.—Nuit complète. —La
musique continue piano.)

JULIETTE.

L'horloge du château.

THÉRÉSA , écoutant.

Une heure !

JULIETTE, agitée.

Ah ! maintenant, il ne peut tarder !

THÉRÉSA.

Qui ça , donc ?

JULIETTE.

Silence !   (On frappe trois coups dans la main.)

JULIETTE, avec joie.

C'est lui !... Ouvre vite !

THÉRÉSA.

Que j'ouvre ! Mon Dieu ! la main me tremble.

JULIETTE, prenant la clé et ouvrant la petite porte.

Donne ! donne ! car tu me fais mourir d'impatience.

SCÈNE XI.

LES MÊMES , UN HOMME , enveloppé d'un manteau, qui lui cache la figure, et la tête couverte d'un
chapeau militaire, paraît, entre, et referme la petite
porte à droite.

THÉRÉSA, se sauvant de côté.

Un homme ! Un voleur peut-être ! Jésus !

JULIETTE.

Tais-toi !

L'HOMME.

(Il fait signe de ne pas parler.)

JULIETTE.

Le prêtre nous attend ?

L'HOMME.

(Signe affirmatif.)

THÉRÉSA, à part.

Un prêtre !

JULIETTE, tremblante.

Mon ami, conduisez-moi, je me fie à votre
honneur,

(L'homme la soutient et l'entraîne par le fond.)

THÉRÉSA , à part.

Ah ! je commence à me remettre. (Souriant.)
Bien sûr ce n'est pas un voleur !   (Elle les suit.)

LE BARON , en dehors.

Michaël ! Ma sœur !

SCÈNE XII.

LE BARON , SÉVÉRINA , puis MICHAEL. [*]

LE BARON , en dehors et entrant.

Eh ! vite ! des flambeaux ! Michaël ! Pietro !
suivez-moi !

SÉVÉRINA, le suivant.

Où courez-vous donc, mon frère ?

LE BARON , troublé.

Je n'en sais rien... mais je tremble !... J'ai le
pressentiment de quelque catastrophe !... Où est
ma fille ? Je veux la voir, lui parler.

SÉVÉRINA.

Eh ! mais, elle est sans doute dans la salle du
bal à danser.

LE BARON.

Du tout ! Elle ne danse pas... Elle a disparu
depuis une demi-heure... Voilà comme vous êtes,
comme vous veillez sur votre nièce... Que diable !
ça vous regarde ! Au lieu d'écouter les sornettes
du vieux marquis d'Arrazza et tous vos papillons
de 1730.

SÉVÉRINA , choquée.

C'est plutôt vous, qui causiez politique... et qui
faisiez un bruit...

LE BARON , vivement.

Il n'y avait pas de quoi peut-être !... Une nouvelle si extraordinaire !... qui dérange tous mes
calculs... Dieu ! si j'avais pu prévoir !... Mais il
est encore temps... et si ma fille. (Entre Michaël.)
Eh bien ! Michaël ?

MICHAEL.

La signora n'est point dans son appartement.

SÉVÉRINA, effrayée.

Bonté divine !

MICHAEL.

J'ai interrogé ses femmes, tous vos gens !...

LE BARON , à sa sœur.

Je vous dis que j'entrevois des choses épou-
vantables !

SÉVÉRINA , vivement.

Eh bien ! ce serait votre faute... Vous lui avez
fait une scène... Vous l'avez menacée d'un mariage ridicule... Et, quand on a des principes...

LE BARON , s'emportant.

On se fait enlever... par principes, n'est-ce pas ?

SÉVÉRINA.

Enlevée ! ma nièce !

[*] Sévérina, le baron.

MICHAEL, regardant au fond.

Monsieur...

LE BARON, faisant un saut.

Hein?... Ce garçon me fait des peurs !... Qu'est-ce que c'est ?

MICHAEL.

J'ai cru voir là-bas, près de la petite chapelle ruinée...

LE BARON et SÉVÉRINA.

Quoi donc ?

MICHAEL.

Comme une ombre qui se glissait...

LE BARON. *

Courons-y... Appelle mes gens... Des armes, des flambeaux !

MICHAEL.

Attendez ! on vient à nous.

SÉVÉRINA.

Une femme !

LE BARON, avec joie.

C'est elle ! c'est Juliette !

(Deux valets, avec des torches allumées, paraissent à gauche. — Le jour revient.)

SCÈNE XIII.

LES MÊMES, JULIETTE, THÉRÉSA. *

JULIETTE, confuse.

Mon père !

SÉVÉRINA.

Chère enfant !

LE BARON.

C'est toi, je respire ! Mais d'où viens-tu donc ? Pourquoi ce trouble ? ce mystère ? A une pareille heure ?

JULIETTE, tombant à genoux.

Mon père ! ne me repoussez pas... J'ai bravé votre colère... je vous ai désobéi.

LE BARON.

Comment ?

JULIETTE, avec effort.

Je suis mariée !

SÉVÉRINA.

Mariée !

LE BARON.

Toi ?

JULIETTE, lui prenant les mains.

De grâce !

LE BARON.

Mariée ! Et à qui donc ?

JULIETTE, baissant les yeux.

A Léonard.

LE BARON.

Léonard. (Sa figure s'épanouit.) Ah !

JULIETTE.

Oui, celui que vous m'aviez ordonné d'oublier...

* Le baron, Juliette, Sévérina ; au fond, Michaël, Thérésa, les valets.

que vous aviez banni... Ah ! je suis bien coupable... je le sens... Accablez-moi de votre indignation, de vos reproches !

LE BARON, s'adoucissant.

Je le devrais, certainement... Un pareil oubli... Mais calme-toi, chère enfant ! Tu as été un peu vite, c'est vrai... On aurait pu désirer, pour les convenances !... Mais enfin, du moment que c'est lui que tu préfères...

JULIETTE, avec joie.

Qu'entends-je !

SÉVÉRINA.

Est-il possible ?

LE BARON.

Ton bonheur avant tout ! D'autant que les choses sont bien changées depuis deux heures ! (Avec joie.) Les Français sont à Naples, ma chère !

JULIETTE.

Les Français ?

LE BARON.

Ce coup de canon qui devait nous annoncer que les Autrichiens entraient dans la ville...

JULIETTE.

Eh bien ?

LE BARON, souriant.

Eh bien ! il nous a annoncé que les Français s'en emparaient !

JULIETTE, avec joie.

Que dites-vous ?

LE BARON.

Et après une victoire... (Avec enthousiasme.) une victoire signalée... du grand Championnet !... Ah ! quel peuple de géans !... quelle nation de héros !... Je ne puis me lasser de les admirer !...

JULIETTE.

Quoi ! l'armée autrichienne...

LE BARON.

Coupée, battue...

SÉVÉRINA.

Anéantie !...

JULIETTE.

Le général Mack ?

LE BARON.

Prisonnier !...

JULIETTE.

Le major de Blumstein ?

SÉVÉRINA.

Prisonnier !...

LE BARON.

Ils sont tous prisonniers ! Au moment où ils croyaient les tenir, et où les Français... Ah ! les colosses !... et qu'auprès d'eux les Autrichiens me paraissent petits et mesquins !...

JULIETTE.

Ainsi, vous me pardonnez ce mariage ?

LE BARON, gravement.

J'allais te l'ordonner.

SÉVÉRINA, avec malice.

Ah !... Un homme sans naissance...

LE BARON.

Qui s'est élevé par son propre courage... Cela vaut mille fois mieux que ceux qui n'ont d'autre mérite que leurs vieux parchemins !

SÉVÉRINA.

Le fils d'un avocat !...

LE BARON.

Noble profession !... Défenseur de la veuve et de l'orphelin !... Cicéron n'était pas autre chose.

SÉVÉRINA.

Simple chef d'escadron !...

LE BARON, se fâchant.

Ah ! vous le faites donc exprès, ma sœur ? Eh bien... non... dussiez-vous en enrager !... Championnet vient de le nommer général de brigade et gouverneur de Naples.

JULIETTE.

Gouverneur !...

LE BARON.

Chargé de faire respecter les propriétés !... (A part.) Comme ça se trouve !... (Haut.) Et il ne serait rien d'ailleurs !... Mais où est-il donc, ce cher gendre ? que je l'embrasse ! que je le présente à toute la noblesse !...

JULIETTE, émue.

Je ne sais !... A peine avions-nous signé, que votre voix s'est fait entendre... le prêtre et lui ont disparu, et... (On frappe trois coups dans la main, derrière la petite porte.) Ah ! le voici sans doute qui revient !

LE BARON, à Michaël.

Ouvre vite !

(Michaël ouvre, et, sur un signe du baron, se retire avec Thérésa et les deux valets.—Il fait jour.)

SCÈNE XIV.

LES MÊMES, LÉONARD, enveloppé dans un manteau, qu'il laisse tomber de côté. *

LÉONARD.

Son père !... Nous sommes trahis !...

JULIETTE.

Non, ne craignez rien, Léonard... et remerciez-le d'un si grand bienfait. . Il nous pardonne !...

SÉVÉRINA.

Il vous rend sa tendresse.

LE BARON.

Tout est oublié !

LÉONARD.

Qu'entends-je !... Quoi ! Juliette ?...

LE BARON, lui ouvrant les bras.

Oui, je vous la donne... et j'en suis fier !

LÉONARD, se jetant dans ses bras.

Ah ! monsieur... Un bonheur si inattendu !...

* Juliette, le baron, Léonard, Sévérina.

Je n'ose y croire... Il me semble que je suis le jouet d'un songe !...

LE BARON.

Non, non, mon gendre... je puis vous assurer que nous sommes tous parfaitement éveillés... (Souriant.) Je devrais dire monsieur le général... car vous êtes général, mon cher... et de plus gouverneur de Naples... Une place superbe qui vous met à même de rendre une foule de services aux propriétaires !...'

LÉONARD.

Ah ! ne parlons que de nous, de notre bonheur !... Tenez... vous allez trouver que c'est une faiblesse... mais tant que cet hymen ne sera pas conclu, je douterai toujours... (A Juliette.) Venez !

JULIETTE.

Où donc ?

LÉONARD.

Eh ! mais, à la chapelle.

JULIETTE, étonnée.

A la chapelle ?

LÉONARD.

Où le prêtre nous attend...

JULIETTE.

Le prêtre !

LE BARON.

Pourquoi faire ?

LÉONARD, surpris.

Pour nous marier !

JULIETTE.

Nous marier ?

LE BARON et SÉVÉRINA.

Vous marier ?

LÉONARD.

Sans doute !

JULIETTE.

Mais nous le sommes !

LÉONARD, inquiet.

Mariés ?

LE BARON.

Parbleu !

LÉONARD.

Mariés ?... nous ?...

SÉVÉRINA.

De tout à l'heure.

LÉONARD.

Qu'avez-vous dit ?

LE BARON, alarmé.

C'est la joie, la surprise, qui lui troublent l'esprit... Allons, mon gendre, rappelez vos souvenirs...

JULIETTE, émue.

Il n'y a qu'un instant, vous étiez là...

LÉONARD.

Ce n'était pas moi.

JULIETTE.

Au signal convenu, cette porte vous a été ouverte...

LÉONARD.

Ce n'était pas à moi.

* Le baron, Juliette, Léonard, Sévérina.

JULIETTE, troublée.

Vous avez paru, enveloppé d'un manteau...
vous m'avez conduite... et, tandis qu'on nous
unissait, vous m'avez donné cet anneau...

LÉONARD, éclatant.

Ce n'est pas le mien !

LES AUTRES.

Ciel !

LÉONARD, montrant son anneau à son doigt.

Regardez !

JULIETTE, jetant un cri, et courant à sa tante.

Ah ! malheureuse !...

LE BARON, balbutiant.

Mais alors... permettez... Si ce n'était pas vous...
je n'y comprends rien... C'est horrible !...

SÉVÉRINA, à Léonard.

Mais comment a-t-on pu vous devancer ?

LÉONARD, agité.

Un faux avis, dont je m'explique le but maintenant, m'annonçait qu'on allait attaquer mes
avant-postes à une demi-lieue d'ici... Mon devoir
était d'y courir... Personne n'a paru !... Et, pendant mon absence, le traître a consommé ma
perte !...

SÉVÉRINA.

Mais quel est-il ?

LÉONARD.

Oui... quel est-il ?

JULIETTE.

Je ne sais... son manteau le cachait si complétement...

LÉONARD, avec fureur.

N'importe ! il ne m'échappera pas, et je saurai mesurer son châtiment à tant de perfidie !...

LE BARON.

Mais, avant tout, il faudrait le connaître !

SÉVÉRINA, écoutant.

Chut !... On sort du bal... On vient de ce côté
pour prendre les gondoles et retourner à Naples.

LÉONARD, voulant aller au devant.

Oh ! je le devinerai !

LE BARON, l'arrêtant.

Pas d'imprudence !...

SÉVÉRINA, montrant un massif de fleurs, à droite.

Cachez-vous là... Le coupable s'est sans doute
déjà éloigné... Examinons nos convives, nos dan-
seurs... et nous saurons celui que son absence
trahira.

ooooooooooooooooooooooooooooooooooooooooooooooooo

SCÈNE XV.

LES MÊMES, CAVALIERS et DAMES, puis
BÉATI, DES VALETS.

(Léonard se cache de la société, mais reste en vue
du public.)

CHŒUR.

AIR du Duc d'Olonne.

Plaisirs des beaux jours,
Joyeux amours,
Jusqu'à l'aurore
Encore,
Prolongeons votre cours ;
Charmez ces derniers instans.
Profitons des jeunes ans.
L'amour ne dure qu'un seul printemps.

(Béati entre joyeusement, donnant le bras à deux
dames élégantes.)

BÉATI, galment.

Nous venons de terminer par une montferrine
échevelée... (S'essuyant le front.) qui m'a fait sortir
de mon caractère !

(Le baron, Sévérina et Juliette reçoivent les compli-
mens et adieux des invités ; ils observent les cavaliers qui aident les dames à mettre leurs pelisses.)

BÉATI, aux deux dames qu'il accompagne, en leur
mettant leurs mantes.

Permettez, belles dames ! Cavalière servante !

LÉONARD, bas, à Juliette.

Eh bien ?

JULIETTE, bas.

Ils y sont tous !

LE BARON, bas, et les regardant.

Et nul indice !

SÉVÉRINA, de même.

Non ! l'air gai, souriant !

LÉONARD, à part.

Ah ! c'est à en devenir fou !

ENSEMBLE.

AIR : D'un affront qui demande vengeance. (Tuteur de
vingt ans.)

LÉONARD, à part.

Doute affreux
Qui déchire mon âme !
Pourquoi l'infâme
Fuit-il mes yeux ?
Non, non,
D'une telle impudence
J'aurai vengeance,
J'aurai raison !

LE BARON, SÉVÉRINA, JULIETTE.

Doute affreux
Qui déchire mon âme !
Pourquoi l'infâme
Fuit-il mes yeux ?
Non, non,
D'une si grande offense
J'aurai vengeance,
J'aurai raison !

BÉATI, LE CHŒUR.

Jour heureux !
Souvenir qui m'enflamme,
Et dans mon âme
Verse ses feux.
Partons !
Sur les flots en cadence,
Comme à la danse,
Nous glisserons !

(Béati et la société remontent. — La toile tombe au
moment où Léonard va se montrer, et est contenu
par le baron, Sévérina et Juliette.)

* Béati, Sévérina, le baron, Juliette, Léonard.

ACTE TROISIÈME.

Un riche salon. — Porte de fond sur une galerie. — Portes latérales donnant, à droite, sur les jardins;
à gauche, dans les appartemens. — Deux fenêtres dans les angles. — Table, siéges.

SCÈNE I.

JULIETTE, SÉVÉRINA.

(Juliette est assise de côté près d'une table, à droite.
Sévérina est debout près d'elle.)

SÉVÉRINA.

Ma bonne Juliette!.., un peu de courage!

JULIETTE, essuyant ses yeux.

Et le moyen, ma tante ?... Est-il une position plus
affreuse que la mienne!... liée pour la vie à un
homme que je ne connais pas... qui, d'un moment à l'autre, peut m'arracher de vos bras, à
l'amour de Léonard!... Oh! c'est horrible!

SÉVÉRINA.

J'en conviens... mais l'essentiel est de ne pas
perdre la tête, et surtout de ne faire aucun éclat!...
Grâce au ciel! personne ici ne sait encore ce fu-
neste secret. Thérésa et les deux valets qui pou-
vaient en soupçonner quelques détails, sont restés
à Cavalto. Michaël est un homme sûr... son attachement nous répond de sa discrétion... et depuis
vingt-quatre heures que nous sommes revenus à
Naples, dans l'hôtel de mon frère, nous n'avons
pas entendu parler de cet époux mystérieux... Ce
qui me semble étrange, car, enfin, on ne se marie
pas pour garder l'incognito... au moins avec sa
femme!... Je me figure que c'est un rêve, un rêve
affreux!

JULIETTE, se levant.

Ah! je n'ai pas même cette consolation.

SÉVÉRINA.

Ton père aura peut-être appris... Justement!
le voici.

SCÈNE II.

LES MÊMES, LE BARON. *

LE BARON, essoufflé, se jetant dans un fauteuil,
à gauche.

Ouf!... Je suis mort!

JULIETTE, avec empressement.

Vous savez quelque chose?

SÉVÉRINA, de même.

Vous avez découvert ?...

LE BARON, s'essuyant avec un mouchoir.

Rien... absolument rien!... J'ai couru Naples,
interrogé tous nos amis...

* Le baron, Sévérina, Juliette.

SÉVÉRINA.

Quelle naïveté!... Vous vous imaginez que le
coupable aurait été vous avouer...

LE BARON, haussant les épaules.

Que vous êtes simple, ma sœur! Je m'y prends
plus adroitement. (Se levant.) * Parbleu! je ne
vais pas leur dire de but en blanc : « À propos!
cher ami, dites donc!... ce n'est pas vous, par
hasard, qui avez épousé ma fille ?... » Quelle bê-
tise!... J'interroge finement leurs physionomies
leurs regards... Et, tout en causant beau temps,
politique... je tâche de descendre doucement dans
leurs âmes... Une fois que j'y suis descendu,
alors... (Se tournant brusquement vers sa fille.) J'ai
eu un moment l'idée que ce pourrait bien être le
jeune comte de Chiaravalle ?

JULIETTE.

Impossible!

LE BARON.

Ou cette grande perche de Lisola ?

JULIETTE.

Encore moins...

LE BARON.

Alors, je n'y suis plus!... (Avec désespoir.) C'est
atroce!... Penser que le premier venu... un ma-
nant, un misérable gueux, peut s'installer ici, et
me dire, en me frappant sur l'épaule : « Bonjour,
beau-père!... Comptez-moi la dot, et que j'em-
mène ma femme! »

JULIETTE, avec effroi.

Ah!

SÉVÉRINA, de même.

Fi!

LE BARON, se récriant par réflexion.**

Et mes superbes propriétés... mes dix-sept maisons sans compter le mobilier... deviendraient
donc la proie...

SÉVÉRINA.

Eh! mon frère, songez à cette pauvre enfant!

LE BARON.

Parbleu! je ne songe qu'à elle...vous le voyez!...
Je voulais aller me jeter aux pieds du roi... mais
nous n'en avons pas!... Et Béati, mon oracle,
mon conseil ordinaire, qui ne paraît plus!...

SÉVÉRINA.

Il est auprès de son oncle, qui a failli mourir
de peur à l'entrée des Français.

* Sévérina, le baron, Juliette.

** Le baron, Sévérina, Juliette.

LE BARON

Et Léonard, mon gendre... C'est-à-dire non...
il ne l'est plus... c'est l'autre... Je m'y em-
brouille... Enfin, qu'est-ce qu'il fait? qu'est-ce
qu'il devient?

SÉVÉRINA.

Il a demandé une audience au général en chef,
pour lui tout découvrir.

LE BARON.

Lui découvrir, quoi? Nous ne savons rien.

AIR de Partie et Revanche.

(A sa sœur.)

C'est à se jeter dans le golfe!
Cet hymen est, sur mon bonheur,
Pis que les Mystères d'Udolphe,
Qu'on ne comprend pas, par bonheur!
Mais qui vous font mourir de peur!

(A sa fille.)

C'est ta faute, je le répète;
Jamais je n'ai vu, pour ma part,
Se marier à l'aveuglette
Comme on joue à colin-maillard!

Et il est inouï que tu n'aies pas remarqué... (Plus
doucement.) Voyons, mon enfant! rappelle les souvenirs, et conte-nous bien en détail comment
cela s'est passé.

SÉVÉRINA, à Juliette.

La moindre circonstance peut nous mettre sur
la voie.

JULIETTE, tristement.

Que puis-je vous dire?... J'attendais Léonard
à une heure, comme nous en étions convenus!...
J'entends le signal... Un homme, enveloppé d'un
manteau et la figure cachée par un large chapeau,
paraît soudain et m'entraîne vers la chapelle. Il
me semblait avoir la taille, la démarche de Léonard... A chacune de mes questions, il ne répon-
dait que par le signe d'être prudente, et son silence me semblait d'autant plus naturel, qu'à chaque pas nous pouvions craindre d'être surpris!...
Arrivés à San-Angelo, nous trouvâmes un prêtre...

LE BARON.

C'était bien un prêtre?

JULIETTE.

Oh! oui, un vieillard... un moine, à barbe
blanche... J'ai cru le voir du moins, à la lueur
d'une lampe qui brûlait près de lui, mais qui
éclairait si faiblement la chapelle, qu'à deux pas
il était impossible de distinguer les traits!.. Je me
soutenais à peine... L'acte était préparé sur un
petit registre... Il signa le premier, puis il me
passa la plume, en me donnant cet anneau.

SÉVÉRINA.

Mais en signant, tu dois avoir vu son nom?

JULIETTE.

Hélas! j'étais si émue, si tremblante!... Je ne
voyais rien, je ne me rendais compte de rien!...
Quand on sent que l'on commet une faute, tout

* Le baron, Juliette, Sévérina.

est frayeur, appréhension!.. Mon regard inquiet
ne quittait pas la porte de la chapelle... Il me semblait à chaque instant qu'elle allait s'ouvrir... J'en-
tendais la voix de mon père!... Dans un mouvement de terreur, je m'élançai... A peine avais-je
signé, que la lampe s'éteignit... une voix sourde
me cria : Adieu!... Je crus voir une barque s'ap-
procher; puis l'inconnu, la barque, le moine..
tout avait disparu... Et je me retrouvai seule,
éperdue, fuyant sans savoir où, et l'âme déjà
frappée du malheur qui m'attendait!

LE BARON.

C'est inimaginable!

SÉVÉRINA.

Et cette bague?... Voyons-la donc... (Juliette la
lui donne.) Une émeraude toute simple...

LE BARON.

Sans chiffre!... sans armes!... Qui vient là?

JULIETTE, courant au fond.

Léonard!

SÉVÉRINA, gardant la bague par distraction.

Il aura peut-être été plus heureux que nous!

<hr>

SCÈNE III.

LES MÊMES, LÉONARD, en petit uniforme de
général.

JULIETTE, courant à lui.

C'est vous!...

LÉONARD.

Bon espoir, chère Juliette! je crois être sur la
trace du misérable...

JULIETTE.

Que dites-vous?

SÉVÉRINA.

Parlez!...

LE BARON.

Vous avez vu le général?...

LÉONARD.

Après avoir assuré la tranquillité de la ville,
j'ai couru l'implorer pour moi-même... Je lui ai
tout appris! Le brave Championnet, indigné d'un
complot ourdi avec tant d'audace et de perfidie, ne
savait pourtant comment venir à notre secours!...
Interposer son autorité, il ne l'osait... Dans le
premier moment d'une conquête... froisser les
mœurs d'un pays, heurter les usages!... Car, enfin, ce mariage, contracté par un simple moine...

LE BARON.

Est excellent! parbleu!

LÉONARD.

Nous cherchions les moyens de découvrir le traître... lorsque la porte s'ouvre... L'aide-de-camp
de service m'annonce qu'un homme du peuple,

* Le baron, Léonard, Juliette, Sévérina.

une espèce de pêcheur, de lazzarone, se réclamait
de moi, pour n'être pas pendu.

LE BARON.

Il avait raison !... Dans ces cas-là, il faut toujours réclamer.

LÉONARD.

Un vol considérable avait été commis, la nuit
passée, chez le joaillier de la cour... Cet homme
en était accusé...

LE BARON criant.

Oh ! mon Dieu ! c'est mon gendre ! c'est un
voleur !

LÉONARD.

Eh ! non ! il prétendait se justifier, en prouvant
que cette nuit-là, à l'heure même du vol, il était à
la chapelle San-Angelo, à Cavalto.

LE BARON criant plus fort.

C'était lui... qui se mariait !... Ah ! mon Dieu !
mon gendre est un pêcheur !

SÉVÉRINA.*

Attendez donc !

JULIETTE.

Mon père !

LÉONARD.

Du tout ! Mais il jurait que j'y étais avec lui.

SÉVÉRINA et JULIETTE.

Vous ?

LE BARON.

Ça me paraît plus obscur que jamais.

LÉONARD.

Et moi, je commençais à entrevoir une lueur !
Je fais monter cet homme...—Tu me connais ? lui
dis-je.—Dame ! Excellence, vous devez bien vous
souvenir qu'à l'heure du vol dont on m'accuse, je
vous attendais avec ma barque dans les rochers de
Cavalto.

JULIETTE.

De Cavalto !

LÉONARD.

Moi ! m'écriai-je... Tu es bien sûr que c'était
moi ?...—Dame ! Excellence... il faisait noir, vous
étiez enveloppé dans un manteau ..

SÉVÉRINA, attentive.

Ah !

LÉONARD.

—Veux-tu me rendre un service ? que vous
m'avez dit en me frappant sur l'épaule et en baissant la voix.—C'est selon, que j'ai répondu. Qui
êtes-vous ?—Léonard, officier français... Je me
marie secrètement, là, dans cinq minutes. Reste
au pied de la chapelle, pour nous ramener le
moine et moi... Il y a dix sequins à gagner.—Eh
bien ? m'écriai-je.—Dame ! je vous ai attendu, je
vous ai reconduit avec le bon père à cinq cents pas
plus loin, puis vous êtes descendus à terre ; et au
lieu de dix sequins, vous m'en avez jeté vingt.
(Reprenant son ton naturel.) Le général allait le dé-

* Le baron, Sévérina, Léonard, Juliette.

tromper, je l'interromps vivement..— Il a raison,
c'était moi... Mais ce moine qui m'accompagnait,
lui dis-je... il faut que je le retrouve... j'ai le plus
grand intérêt... Le reconnaîtrais-tu ? — Dame ! il
faisait bien noir ! — Cent sequins pour toi...—Je
le reconnaîtrai, Excellence !

LE BARON.

Où cela vous mènera-t-il ?

LÉONARD, vivement.

Vous ne devinez pas ? Sous prétexte de saisir
quelques rebelles qui s'y sont réfugiés, je me fais
expédier l'ordre de visiter tous les couvens de Naples et des environs... Un piquet de dragons doit
venir me prendre, sous la conduite de mon pêcheur déguisé... Une fois notre moine découvert,
je verrai cet acte de mariage... Je saurai le nom
de l'infâme...

LE BARON.

La belle avance ! Il n'en sera pas moins le
mari... de votre femme !

LÉONARD.

Il ne le sera pas long-temps.

LE BARON.

C'est ça... vous la rendrez veuve !

SÉVÉRINA.

Un duel !

JULIETTE, vivement.

Je vous le défends !

LÉONARD.

Vous voulez que j'épargne l'imposteur !

LE BARON. *

Écoutez, mes enfans !... une idée !... Dans ce dé-
dale inextricable, si nous consultions Béati ? C'est
l'ami de la famille... son oncle a du crédit...

JULIETTE.

Sans compter qu'il sait déjà une partie de mon
secret.

LE BARON.**

Eh bien ! ça se trouve au mieux !

JULIETTE.

Je lui avais confié mon embarras, à ce bon
Béati, lorsqu'il était question du comte de Blumstein... C'est lui qui m'avait conseillé d'épouser en
secret celui que j'aimais.

SÉVÉRINA, frappée.

C'est lui ?... (A part.) Ah ! ah ! c'est singulier !

LE BARON, à une fenêtre.

Justement, le voilà qui traverse la cour... Je
vais lui expliquer...

SÉVÉRINA, l'arrêtant. ***

Non, non... je vous en conjure !.. point de
confidence, pas un mot !

LE BARON.

A Béati ?

SÉVÉRINA.

A personne !

* Sévérina, le baron, Léonard, Juliette.
** Sévérina, Juliette, Léonard ; le baron, au fond.
*** Le baron, Sévérina, Juliette, Léonard.

JULIETTE et LÉONARD.

Pourquoi donc?

SÉVÉRINA, vivement.

Je vous le dirai plus tard... Mais au nom du ciel... (Se mettant entre les deux jeunes gens.) que rien ne trahisse nos inquiétudes... Allons, mon frère, l'air insouciant... enjoué...

LE BARON.

L'air enjoué!

SÉVÉRINA.

Le voici!

SCÈNE IV.

LES MÊMES, BÉATI.*

BÉATI, à part.

Il s'agit de tâter le terrain. (Apercevant Léonard.) Encore près d'elle!... Ah! il est tenace, le jeune Francesco!

SÉVÉRINA.

Eh! ce cher Béati.

LE BARON.

Tiens! Béati... Je ne l'avais pas aperçu...

SÉVÉRINA.

Nous parlions de lui!

BÉATI.

Vraiment, belles dames?

LE BARON.

Oui.. Nous disions... (Bas.) Qu'est-ce que nous disions?

JULIETTE.

Que c'était bien mal à vous...

SÉVÉRINA.

D'abandonner ainsi ses amis!

BÉATI.

Mon Dieu! j'apprends à l'instant votre retour à Naples, et j'ai tout quitté... (A part.) Ils n'ont pas l'air trop bouleversé. (Haut.) Il ne vous est rien arrivé, j'espère?

SÉVÉRINA.

Rien... rien du tout.

LE BARON.

Au contraire... (Sa sœur le pousse.) Hein?

BÉATI, montrant Léonard.

D'ailleurs, vous aviez un défenseur. (Le saluant d'un air mielleux.) Je vous fais compliment, général, sur les nouveaux honneurs...

SÉVÉRINA, bas, au baron.

Invitez-le à dîner, et allez-vous-en!

BÉATI, à Léonard.

Est-ce qu'il y a quelques troubles?... Je viens de voir un piquet de dragons rangés en bataille.

LÉONARD, bas, à Juliette.

Ce sont mes hommes. (Haut.) Non, une simple inspection...

* Béati, le baron, Sévérina, Juliette, Léonard.

SÉVÉRINA, bas, à Léonard.

C'est bien!... Baisez la main de Juliette, et laissez-nous!

LÉONARD, bas.

Comment?

SÉVÉRINA, bas, à Juliette.

Prétexte une migraine, et retire-toi!

LE BARON, bas, à Sévérina.

Vous voulez donc rester tête-à-tête? Vous avez encore des prétentions sur lui?

SÉVÉRINA, bas, en souriant.

Peut-être.

LE BARON, après avoir haussé les épaules, et à Béati.

Ah ça! mon cher, nous ne faisons pas de façons ensemble... J'ai quelques ordres à donner... Vous dinez avec nous? Très bien! Sans adieu! Nous nous reverrons à table... Nous boirons... nous chanterons... nous dirons des folies... Ah! ah! ah! (Bas, à sa sœur, sérieusement.) Vous vouliez de l'enjouement, en voilà, j'espère!

BÉATI, à Juliette.

Trop heureux de tenir compagnie à la charmante signora!

JULIETTE, le saluant.

Pardon... je suis un peu souffrante.

BÉATI, à Sévérina.

Et de faire ma cour...

SÉVÉRINA, saluant.

Pardon! ma toilette me réclame.

BÉATI, à Léonard.

Ou de causer...

LÉONARD.

Désolé!... mon devoir qui m'appelle... (Baisant la main de Juliette.) Vous permettez?...

BÉATI, à part, se mordant les lèvres.

Hum!

SÉVÉRINA, à part.

Il a fait la grimace. (Bas, à Béati.) Attendez-moi ici, il faut que je vous parle.

ENSEMBLE.

AIR nouveau de M. Doche.

LÉONARD, JULIETTE, LE BARON, à part.

Éloignons-nous en silence,
Nous l'interrogeons en vain!
Quelle est donc son espérance?
Quel peut être son dessein?

SÉVÉRINA, bas.

Éloignez-vous en silence,
Vous m'interrogez en vain!
Je ne puis dire d'avance
Mon espoir et mon dessein!

BÉATI, à part.

Ils s'éloignent en silence!
Calmons ce trouble soudain,
Rien n'a pu trahir, je pense,
Mon secret et mon dessein.

(Ils sortent tous par la gauche, à l'exception de Léonard, qui sort par le fond.—Béati reste seul.)

* Béati, le baron, Sévérina, Juliette, Léonard.

SCÈNE V.

BÉATI, seul.

La tante veut me parler sans témoins !... Je conçois... pour me confier l'accident !...(Souriant.) Ah! le premier moment sera dur à passer !... le père fulminera, la fille sanglotera, l'amant voudra tuer tout le monde... C'est cette dernière considération politique qui m'engage à garder encore l'anonyme !...Mais il faut déchirer le voile... et pour les forcer à avaler tout doucement la pilule, j'ai fait inviter sous main toute la ville à venir féliciter le baron sur le mariage de sa fille... La peur d'un éclat, du scandale... il faudra bien qu'il s'apaise et me pardonne ma petite espiéglerie ! (Se carrant dans un fauteuil, et se frottant les mains.) D'ailleurs, ce qui est fait est fait. Mon oncle, à qui j'ai glissé deux mots de l'alliance, est enchanté... il m'a promis un cadeau de noce, pourvu que ça ne lui coûtât pas cher. (Riant.) Il faut convenir que la position est piquante !... Dire qu'il y a là une jeune et jolie femme... que c'est la mienne, et qu'elle ne s'en doute pas !.... (Regardant autour de lui.) Que la maison, la fortune, une bonne table, tout cela est à moi, et qu'ils ne s'en doutent pas ! Et qu'est-ce que cela m'a coûté?... un trait de plume !... Ah ! on a bien raison de faire apprendre à écrire aux enfans !

(Il s'est levé et a gagné la droite, en se rajustant dans un petit miroir de poche.)

SCÈNE VI.

SÉVÉRINA, BÉATI.

SÉVÉRINA, à part, entrant par la gauche...

Je n'ai voulu faire part de mes soupçons à personne ! car je ne puis croire... un homme tout confit de science et de morale !... (Hochant la tête.) Hum ! j'avais remarqué qu'il regardait Juliette bien plus souvent que le ciel !

BÉATI, la voyant et serrant son miroir.

C'est elle !

SÉVÉRINA, venant à lui avec empressement.

Mon cher Béati, il me tardait de me trouver seule avec vous... un événement si bizarre, si extraordinaire !...

BÉATI, à part.

Nous y voilà ! (Haut.) Qu'y a-t-il donc, ma chère dame ?... Vous connaissez mon tendre attachement...

SÉVÉRINA.

C'est pour cela que je viens à vous... (Fermant la porte à gauche.) Attendez que je ferme cette porte, car c'est encore un secret.

BÉATI, d'un air d'intérêt.

Qu'est-ce donc, bonté du ciel ? vous paraissez dans une agitation...

SÉVÉRINA.

J'en perds la tête.

BÉATI, à part.

Elle n'en a jamais eu.

SÉVÉRINA.

Figurez-vous, mon pauvre Béati, que l'autre nuit, pendant le bal, je m'étais aperçu que ce jeune officier français... ce Léonard si aimable... (Avec un soupir.) trop aimable, sans doute !... avait entraîné ma nièce dans la démarche la plus coupable...

BÉATI, à part.

Nous brûlons... (Haut.) La signora Juliette ?

SÉVÉRINA.

Il ne s'agissait de rien moins que d'un mariage secret.

BÉATI, se récriant.

Un mariage !

SÉVÉRINA.

A la chapelle San-Angelo.

BÉATI.

Près du château ?... Hoimé !

SÉVÉRINA.

Juliette qui aimait ce jeune homme, avait promis de s'y trouver.

BÉATI, avec bonhomie.

Quelle imprudence ! Pauvre jeune fille !

SÉVÉRINA.

Dites donc quelle horreur ! surtout pour moi, qui, je dois l'avouer en rougissant...(Minaudant.) n'avais pu voir cet intéressant Léonard, sans ressentir un de ces coups inattendus... une flamme subite, irrésistible...

BÉATI, étonné.

Allons donc !...

SÉVÉRINA, avec abandon.

Je l'adore ! Béati, je l'adore !

BÉATI, à part, étouffant un éclat de rire.

Pouh ! Pauvre vieille !... Oh ! j'en rirai longtemps !

SÉVÉRINA, l'observant.

Au point que j'en serais morte, s'il avait épousé ma nièce.

BÉATI, s'oubliant.

Eh bien ! alors... vous n'avez plus qu'à mourir !

SÉVÉRINA.

Quoi ! vous êtes donc instruit ?...

BÉATI, troublé.

Moi ?... non !... Je dis ça comme je dirais autre chose... Mais, d'après vos premiers mots... je suppose... si le mariage est fait...

SÉVÉRINA.

Du tout !

BÉATI, étonné.

Comment ?...

SÉVÉRINA.

J'y ai mis bon ordre.

BÉATI.

Expliquez-vous !

SÉVÉRINA, jouant l'embarras.

C'était au milieu de la nuit !... enveloppée d'une mante qui cachait tous mes traits... et respirant à peine...

BÉATI, inquiet.

Eh bien ?...

SÉVÉRINA.

J'ai pris la place de Juliette que j'avais enfermée dans sa chambre...

BÉATI, perdant la tête.

Qu'est-ce que vous dites ?

SÉVÉRINA.

Et c'est à moi qu'il est marié...

BÉATI, éclatant.

Qu'est-ce que vous dites ?... Ce n'est pas possible !

SÉVÉRINA, montrant la bague.

Voilà son anneau qu'il m'a donné.

BÉATI, à part.

Le mien !... saint Christophe !... Je tombe du septième ciel !...   (S'asseyant à droite.)

SÉVÉRINA.

Il étouffe !... C'est lui !... (Le soutenant.) Eh bien ! Béati, qu'est-ce que vous avez ?... Le cœur vous manque... vous vous en allez !...

BÉATI, d'une voix faible.

Je voudrais bien pouvoir m'en aller... (La regardant.) Je n'aurais pas devant les yeux le spectacle affligeant...

SÉVÉRINA, d'un air confus.

C'est l'aveu de ma faute qui vous épouvante !

BÉATI, vivement.

Oui... c'est le mot... Quand je pense au malheureux qui est condamné à... il me prend des frissons... (Se croisant les bras.) Mais ce que vous avez fait là est horrible ! savez-vous ? abuser de la bonne foi d'un pauvre jeune homme... de son aveuglement...

SÉVÉRINA, avec intention.

Hélas ! je ne suis pas la première ..

BÉATI, à part.

C'est vrai !... Je connais quelqu'un qui avait eu la même idée... (Regardant Sévérina.) Mais il en est cruellement puni... (Haut.) N'importe ! c'est un crime indigne de pardon. (Avec explosion.) Et qu'est-ce que dira M. votre mari... malheureuse enfant, quand il saura... ce qui l'attend ?...

SÉVÉRINA.

Ah ! Béati ! c'est ce qui me fait trembler !

* Béati, Sévérina.

BÉATI, de même.

Comment ne le sait-il pas déjà ? dès les premiers mots qu'ils auront échangés ?...

SÉVÉRINA.

C'est à quoi j'ai veillé !... je ne les ai pas quittés d'une minute... Juliette croit que la cérémonie a manqué et que ce n'est qu'un retard... Léonard croit qu'il est son mari !... mais pour éviter la première explosion et surtout les mauvaises plaisanteries de mon frère, il faut préparer mon époux... le calmer... et c'est sur vous que j'ai compté, mon bon Béati !

BÉATI, indigné, et passant à gauche.*

Sur moi !

SÉVÉRINA, avec exaltation.

Dites-lui que c'est mon cœur seul qui m'a entraînée.

BÉATI, à part.

Que ne t'a-t-il entraînée au fond de la mer !

SÉVÉRINA, minaudant.

Que si je ne suis plus de la première jeunesse...

BÉATI, à part.

Ni de la seconde...

SÉVÉRINA.

J'en serai moins légère...

BÉATI, à part.

Belle consolation !

SÉVÉRINA.

Que mon amour me tiendra lieu des dons de la fortune.

BÉATI, la regardant.

Comment ! vous n'avez absolument...

SÉVÉRINA, baissant les yeux.

Que ces faibles attraits...

BÉATI, avec rage, à part.

Je suis volé !... assassiné !...

SÉVÉRINA, avec amour.

Mais je l'aimerai tant !... je le chérirai tant !... ce cher trésor !...

BÉATI, repassant à droite. **

J'aime mieux que l'on m'enterre tout de suite.

SÉVÉRINA.

Vous le verrez, Béati, vous me le promettez... je n'ai d'espoir qu'en vous...

BÉATI, perdant la tête.

Au diable !... Oui... non... c'est-à-dire... Je ne sais plus où j'en suis...

SÉVÉRINA, à part.

Voyons ce qu'il va faire.

ENSEMBLE.

AIR d'Emma.

SÉVÉRINA.

Après l'aveu d'une telle imprudence,
Sur vous je n'ose, hélas ! lever les yeux ;
Oui, la pudeur m'ordonne le silence
Et me contraint d'abandonner ces lieux.

* Béati, Sévérina.
** Sévérina, Béati.

BÉATI, furieux.

Après l'aveu d'une telle imprudence,
Ne paraissez jamais devant mes yeux,
Ou je pourrais, dans ma soif de vengeance,
Faire un malheur et rompre ces beaux nœuds.

(Séverina sort à gauche.)

SCÈNE VII.

BÉATI, seul, retombant dans un fauteuil, et après
une pause.

Je me sens bien mal!... Ce n'est pas possible!... C'est une vision... un cauchemar, un
effroyable cauchemar... un transport au cerveau... Non... je suis... je suis marié. Et c'est
ma femme qui vient de m'en faire part!... (se
levant.) Sorcière de Macbeth! vh!... Qu'est-ce que
je vais en faire de ma femme?... En Allemagne,
je la battrais... En Turquie, je la changerais...
en Angleterre... Ah! en Angleterre... je lui mettrais une corde au col, je la conduirais au marché... et je dirais : — Y a-t-il marchand? —Oh!
oh!... monsieur... —Oui... oui... je sais tout ce que
l'on peut dire... Mais s'il faut même vous donner
du retour... Enfin.. je la vendrais... c'est dans les
mœurs!... En France?... (D'un air agréable.) Ah!
en France... en France, je la planterais là, et
j'irais m'amuser avec une infinité d'autres!...
Mais en Italie, où le mari est une espèce d'animal domestique ; avec un fil à la patte... Ah!
je comprends la férocité du tigre! Car, enfin,
malheureuse, je ne veux pas de toi... Je te hais,
je t'exècre, je te maudis... Et j'ai signé moi-
même l'acte!... Ah! on a bien tort de faire apprendre à écrire aux enfans... Oh! mais je ne
peux pas être victime d'un pareil guet-apens!
On a abusé de ma candeur... On m'a sacrifié;
on m'a traîné à l'autel malgré moi... Je le prouverai. Oui, oui, oui! Je veux justice ou je casse
tout. (Avec sang-froid.) Tiens! si je faisais casser
mon mariage! Idée rayonnante et triomphale!
Il a tout ce qu'il faut pour cela, et deux mots
suffiront... Eh! vite... le tribunal de la vicairerie... Justement il s'assemble aujourd'hui, et mon
oncle le préside. (Courant à la table à droite, et
écrivant très vite.) Il ne refusera pas de me sauver de ce purgatoire... Il m'a promis un cadeau
de noces... Je ne lui demande que celui-là! De
me débarrasser de... O douce moitié de mon
âme... tendre objet de mes vœux!.. ma femme...
puisqu'il faut l'appeler par son nom, tu seras donc
ma planche de salut!... Décidément, on a bien
raison de faire apprendre à écrire aux enfans!

(Il sonne.)

SCÈNE VIII.

BÉATI, MICHAEL.

MICHAEL.

C'est monsignor qui a sonné?

BÉATI, écrivant à droite.

Oui, honnête Michaël. (A part.) Un imbécile
qui est dévoué, et qui ne raisonne pas... C'est ce
qu'il faut. (Haut.) Tu sais où se tient le tribunal
de la vicairerie?

MICHAEL.

A deux pas d'ici, en face du Grand-Collège.

BÉATI, passant à gauche.

C'est cela... Tu vas y courir.

MICHAEL.

Et mon service?

BÉATI, cachetant sa lettre.

C'est pour celui de ton maître.

MICHAEL.

Quoi! monsieur le baron...

BÉATI.

Est menacé d'un grand malheur.

MICHAEL.

Quel est le *Birbante*?

BÉATI.

On ne sait pas au juste... Mais je suis là, je
veille, moi, l'ami de la maison... Ne lui dis rien,
il est inutile de l'effrayer... Tu demanderas l'huissier, et tu lui diras de remettre ceci au président,
sans perdre une seconde.

(On voit Séverina, écoutant à la porte de gauche.)

SÉVERINA, à part, et repoussant la porte.

A merveille!

BÉATI.

Hein? Plaît-il?   (La porte se referme.)

BÉATI, à part.

Cette porte qui s'est fermée!... On m'écoutait!...
Oh! oh! serais-je dupe? Je soupçonne quelque
machination.

MICHAEL.

Je dirai donc à l'huissier...

BÉATI, l'arrêtant, et à mi-voix.

Un moment... Il y a peut-être un autre danger
que je n'avais pas prévu...

MICHAEL, bas.

Ah bah!

BÉATI, bas.

Je vais m'en assurer. Descends! Tiens-toi sous
cette fenêtre... Si, dans dix minutes, tu ne me
vois pas, cours à la vicairerie et exécute mes ordres... Si je te jette mon mouchoir... n'y va pas,
déchire ce papier, car il pourrait tout perdre!

MICHAEL, ébahi.

Mais je ne puis comprendre...

BÉATI.

On ne te paie pas pour comprendre, mais pour obéir.

MICHAEL, sortant par le fond.

C'est juste !

BÉATI, seul.

Va donc ! (Élevant la voix.) Et songe que ta diligence peut me sauver la vie. (A part, et écoutant à gauche.) Il y a encore quelqu'un. J'entends marcher... (Très haut.) Oui, oui, je briserai une chaîne odieuse, une chaîne abhorrée... (A part.) Comment diable savoir si je dois la briser?... Ah ! j'y suis. (Très haut.) Mais si ce maladroit de Michaël allait me faire quelque gaucherie... Il est si bête !... Il ne sait pas s'expliquer.. Et, dans une démarche de cette nature, on ne doit s'en rapporter qu'à soi-même... Oui, oui, courons au tribunal, faisons entendre la voix de l'innocence opprimée... d'un époux outragé... Aussi bien, je ne puis plus tenir en place.

(Il feint de sortir à grands pas par le fond, dont les portes restent ouvertes.)

SCÈNE IX.

BÉATI, SÉVÉRINA, puis JULIETTE.

SÉVÉRINA.

Il est parti ! Grâce au ciel, il a donné dans le piége ! et il va faire, avec une admirable docilité, tout ce que j'attendais de lui.

BÉATI, à part, reparaissant au fond.

Ah ! diable ! c'est signe qu'il ne faut pas que je le fasse.

SÉVÉRINA, disparaissant à gauche.

Juliette ! Juliette ! viens vite ! Tu es sauvée !

BÉATI, à part.

Je devine !.. Sauvée... pas encore... Michaël est là... Que ma requête soit anéantie... tout reste en l'état... Jetons-lui le mouchoir.

(Il le jette par la fenêtre à droite, et se cache dans le cabinet à droite.)

SÉVÉRINA, revenant.

Mais viens donc, Juliette !

JULIETTE, la suivant.

Qu'avez-vous dit, ma tante ?

SÉVÉRINA.

Embrasse-moi, chère enfant ! Avais-je tort de prétendre que les vieilles filles étaient encore bonnes à quelque chose ? Quand ce ne serait que pour servir d'épouvantail. Ah ! ah ! ah ! ce pauvre Béati, je lui ai fait une peur...

JULIETTE.

Béati ! pourquoi ? à quel propos ?

SÉVÉRINA.

Cet époux mystérieux qui se cachait dans l'om-

bre, que nous ne pouvions parvenir à connaître, qui était le maître de ton sort...

JULIETTE.

Eh bien ?

SÉVÉRINA.

C'était lui !

JULIETTE.

Béati ! Oh ! c'est impossible ! Ma tante, vous vous trompez.

BÉATI, à part.

Et pourquoi pas ?

JULIETTE.

Un homme qui n'est plus de ce monde.

BÉATI, à part.

Tiens ! et duquel suis-je donc ?

JULIETTE.

Qui n'aspire qu'à une vie de mortifications !

BÉATI, à part.

Eh bien ! le mariage en est une.

SÉVÉRINA.

C'est lui, te dis-je, sa frayeur l'a trahi, lorsqu'en baissant les yeux et lui montrant la bague que j'avais gardée heureusement... je lui ai avoué qu'entraînée par une passion fatale pour Léonard, j'avais pris ta place et que j'étais sa femme.

JULIETTE.

Que dites vous ?

SÉVÉRINA.

Ça a été un coup de foudre pour lui... Il m'a regardée avec une espèce de rage, d'horreur !... J'ai dit : C'est mon mari, je ne peux plus en douter !

BÉATI, à part.

Quel complot diabolique ! On dirait que les femmes ont toutes étudié chez les jésuites !

JULIETTE.

Et qu'a-t-il fait alors ?

SÉVÉRINA.

Ce que j'espérais... une requête à la vicairerie pour faire casser le mariage de Cavalto... Elle est partie, et, au moment où je te parle, sans bruit, sans retentissement, tout est rompu et tu es libre !

JULIETTE.

Ah ! ma bonne tante !

BÉATI, à part, disparaissant.

Pas encore, esprit machiavélique ! et...

SÉVÉRINA.

Mais quel bruit !...

SCÈNE X.

LES MÊMES, LE BARON, agité.[*]

LE BARON.

En voici bien d'une autre ! toute la ville qui

---

* Sévérina, Béati.

' Juliette, le baron, Sévérina.

accourt me féliciter sur ce malheureux mariage !
qui me presse de lui présenter mon gendre !... et je
ne sais où le prendre.

SÉVÉRINA.

C'est bien !... Recevez-les !

LE BARON.

Et ce mari introuvable ?

SÉVÉRINA.

Dites que c'est votre beau-frère.

LE BARON.

Mon beau-frère !

SÉVÉRINA.

C'est moi qui me suis mariée.

LE BARON.

C'est elle à présent... Et à qui donc ?

SÉVÉRINA.

A Béati.

LE BARON.

A Béati ?... Allons, elle n'en a pas eu le dé-
menti ! Eh quoi ! dona Sévérina... à votre âge...
avec les principes que vous avez reçus... une pareille folie !

SÉVÉRINA.

Qui assuré votre bonheur... Vous saurez tout...
Les voici... Allons de la gaîté, un air de joie...
d'ivresse !

LE BARON.

Encore de l'enjouement ?... Je n'en sors pas, et
je ne sais jamais pourquoi.

<hr>

SCÈNE XI.

LES MÊMES, SEIGNEURS et DAMES de la ville. *

CHOEUR.

AIR : Ier chœur, Ier acte, Zanetta. (Novice.)

Oui, sous le ciel heureux de la belle Italie,
L'amour, à chaque pas, sait charmer notre vie.
Et vous, jeunes époux, que l'hymen qui vous lie
De fleurs et de plaisirs vienne semer le cours
　　　　　De vos jours.

LE BARON, inquiet.

Merci, mes chers amis, merci !... Pardon de ne
vous avoir pas prévenus... mais j'ignorais moi-
même... Il est très vrai qu'un heureux mariage
est venu affliger ma famille !

TOUS.

Et le marié, où donc est-il ?

BÉATI, à part.

Voici l'instant de frapper le grand coup !

LE BARON.

Il n'est pas là.

SÉVÉRINA, à elle-même.

Il se gardera bien de se présenter !

BÉATI, près d'elle, et d'un air riant. **

Pardonnez-moi, madame.

* Juliette, Sévérina, le baron.
** Juliette, Sévérina. Béati, le baron.

LE BARON.

Béati !

JULIETTE.

O ciel !

SÉVÉRINA.

Aurais-je été sa dupe ?

BÉATI.

Il est trop amoureux pour manquer ainsi à ses
devoirs... On a voulu l'effrayer, ce pauvre garçon...
lui faire faire un pas de clerc... Mais il est doué
d'un coup d'œil assez fin... Il a déjoué ce plan sa-
tanique... maintenu des droits sacrés...

SÉVÉRINA, à part.

Tout est perdu !

JULIETTE.

C'est fait de moi !

BÉATI.

Et le baron vous a invités, nobles amis, pour
assister au mariage de sa fille, la signora Juliette
de Cavalto, avec...

(Les portes du fond s'ouvrent.)

<hr>

SCÈNE XII.

LES MÊMES, LÉONARD, MICHAËL. *

LÉONARD.

Avec le général Léonard, gouverneur de Naples.

TOUS.

Qu'entends-je ?

LE BARON, JULIETTE, SÉVÉRINA.

Léonard !

BÉATI, confondu.

D'où sort-il, celui-là ?

LÉONARD, montrant le fond.

Le notaire est prêt à recevoir les signatures !

BÉATI, vivement.

Permettez ! permettez ! il y a erreur.... La signora Juliette est mariée en premières noces...

LÉONARD.

C'est vrai ! mais ce mariage vient d'être cassé
par sentence de la vicairerie.

BÉATI, étourdi.

Par sentence !

LÉONARD, à Béati.

Sur votre propre demande, monsignor, et je
vous en fais mon sincère compliment.

BÉATI, troublé.

Ce n'est pas possible ! Je n'ai rien demandé...
D'ailleurs, pour quel motif ?... On ne peut pas
casser sans motif !

LÉONARD.

Pour erreur de personne, la meilleure cause de

* Juliette, Sévérina, Léonard, Béati, le baron.

nullité.. Oh! votre travail était fait avec un soin, une lucidité... et comme vous avez poussé la discrétion jusqu'à ne nommer personne, le tribunal se borne à annuler le mariage formé cette nuit à Cavalto (Appuyant.) par le frère San-Antonio !

JULIETTE.

O bonheur !

SÉVÉRINA.

Nous triomphons !

LE BARON, avec transport.

Nous triomphons !... de quoi ?

BÉATI, à part.

Fortune ! voilà de tes tours de roue ! * (A Michaël, qui est près de lui.) Comment, animal, je t'avais dit, si je te jetais mon mouchoir, de déchirer...

MICHAEL, à mi-voix.

J'allais le faire... Mais en même temps que votre mouchoir me tombait sur le nez, le général me tombait sur les épaules.

BÉATI, secouant Michaël.

Parce que tu n'as pas eu soin !... Cafard !...

LÉONARD, à Béati.

Ne le grondez pas !

BÉATI, doucement.

Je ne le gronde pas !... je lui faisais une petite observation !...

* Juliette, Sévérina, Léonard, le baron, Béati, Michaël.

SÉVÉRINA, tendrement.

Mon pauvre Béati, je suis encore libre. *

BÉATI, avec un soupir.

Merci !

CHOEUR.

AIR : Qu'une heureuse rencontre.

Désormais plus d'orage ;
Le ciel vient à son tour
Dissiper le nuage
Qui frappait notre/votre amour.

BÉATI, au public.

AIR : J'en guette un petit de mon âge.

J'ai tout perdu, tout, jusqu'à l'espérance !
Et je devrais fuir un monde trompeur ;
Mais je le dis, messieurs, en confidence,
La solitude me fait peur.
Que votre bonté me seconde.
C'est vous seuls qui me sauverez,
C'est vous, enfin, qui me direz
Si je dois renoncer au monde...
S'il me faut renoncer au monde !

REPRISE DU CHOEUR.

Désormais plus d'orage, etc.

* Juliette, Léonard, le baron, Sévérina, Béati.

FIN DE CARLO BÉATI.

Paris. — Imprimerie de BOULÉ, rue Coq-Héron, 3.

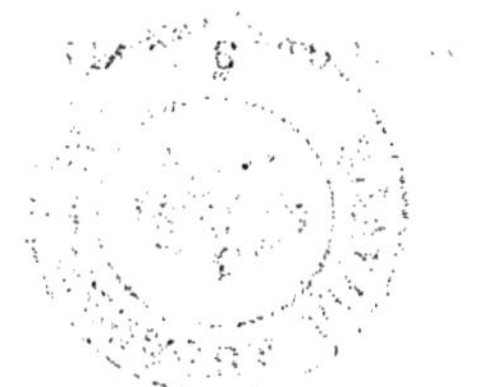